I0441157

RAUS
AUS DER
KOMFORTZONE

EINE REISE ZUR SELBSTENTDECKUNG UND ZUR ÜBERWINDUNG EIGENER GRENZEN

RAUS AUS DER KOMFORTZONE

ERKENNTNISSE FÜRS LEBEN AUS BUSINESS, PSYCHOLOGIE UND EXTREMSPORT

DENIZ KAYADELEN

Raus aus der Komfort Zone

Erkenntnisse fürs Leben aus Business, Psychologie und Extremsport

Copyright 2023 © Deniz Kayadelen

Alle Informationen, Techniken, Ideen und Konzepte, die in dieser Veröffentlichung enthalten sind, haben lediglich den Charakter eines allgemeinen Kommentars und werden in keiner Weise als individuelle Beratung empfohlen. Die Absicht ist es, eine Vielzahl von Informationen anzubieten, um eine breitere Palette von Wahlmöglichkeiten jetzt und in der Zukunft zu bieten, in Anerkennung der Tatsache, dass wir alle sehr unterschiedliche Umstände und Standpunkte haben. Sollte sich ein Leser dafür entscheiden, die hier enthaltenen Informationen zu nutzen, so ist dies seine eigene Entscheidung, und die Mitwirkenden (und ihre Unternehmen), Autoren und Verleger übernehmen unter keinen Umständen irgendeine Verantwortung. Dem Leser wird empfohlen, eine eigene unabhängige Beratung einzuholen.

Erste Ausgabe

ISBN: 9798872366263

Alle Rechte in allen Medien vorbehalten. Kein Teil dieses Buches darf ohne vorherige schriftliche Genehmigung in irgendeiner Form verwendet, kopiert, vervielfältigt, vorgeführt, gespeichert, mitgeteilt oder übertragen werden, es sei denn, es handelt sich um kurze Zitate, die in kritischen Artikeln und Rezensionen enthalten sind.

Das Urheberrecht der Autorin als Autorin dieses Werkes wurde von ihr in Übereinstimmung mit dem Copyrights, Designs and Patents Act von 1988 geltend gemacht.

Veröffentlicht von Happy Self Publishing
www.happyselfpublishing.com
writetous@happyselfpublishing.com

Inhaltsverzeichnis

Danksagung

Unsere Lebensreise hat immer eine Bedeutung und nichts passiert zufällig. Unsere Reise beginnt an dem Tag, an dem wir geboren werden, und endet, wenn wir sterben. Was zählt, ist, was wir auf unserem vorbestimmten Weg in unserer Umgebung, in der wir aufgewachsen sind, getan haben und welche Wege wir gewählt haben. Ich bin unendlich dankbar für all diejenigen, die mir in meinem Leben den richtigen Weg gezeigt haben, angefangen bei meinen Eltern bis hin zu meinen Freunden und Kollegen.

Nichts von dem, was ich in meinem Leben getan und erreicht habe, wäre ohne meine Eltern, meine Familie und mein breites Unterstützungssystem möglich gewesen. Jeder in meinem Leben hat mir etwas beigebracht, und dafür bin ich wirklich dankbar. Jeder Erfolg, den Sie hier lesen werden, ist auf gewisse Weise auch ihr Erfolg.

Auf diesem Weg habe ich natürlich auch **Misserfolge und Verluste** erlebt. Mein Support-System hat mir Ratschläge gegeben, die ich nicht befolgt habe. Die Verantwortung für all meine Misserfolge und Verluste liegt ganz bei mir. Tatsächlich glaube ich nicht an die Wörter „Misserfolg" oder „Verlust", denn in diesen Momenten habe ich das Beste getan, was mein

Verstand mir zu diesem Zeitpunkt ermöglicht und gesagt hat. Deshalb habe ich aufgehört, mich selbst zu beurteilen und Reue für meine vergangenen Handlungen zu empfinden, die mich nicht zum Erfolg oder zum Happy End geführt haben. Diese Handlungen sind ein Teil von mir. Ich akzeptiere sie mit Wohlwollen und lerne aus ihnen, um ein besserer Mensch und eine bessere Athletin zu werden. Ich möchte auch all den schmerzhaften Momenten danken, die mir die Stärke sowie Resilienz verliehen haben, die ich heute habe und die mich dazu gebracht haben, auf diese Weise zu denken.

Zuerst möchte ich meiner Mutter danken. Sie hat mich immer unterstützt, geliebt und mir wieder Mut gemacht, auch wenn ich traurig oder erschöpft war. Obwohl ich in einer wohlhabenden Familie geboren wurde, war es meine Mutter, die mir beigebracht hat, nicht auf andere angewiesen zu sein, sondern auf mich selbst und meine Fähigkeiten zu vertrauen. Schon als ich vier oder fünf Jahre alt war, sprach sie mit mir, als wäre ich eine Erwachsene, und zeigte mir den Respekt, den ich brauchte, und gab mir die Liebe, die ich brauchte. Sie ermutigte mich in Bezug auf das Schwimmen und meine Karriere und unterstützte mich mein ganzes Leben lang als alleinerziehende Mutter. Selbst als sie nicht wollte, dass ich gefährliche Routen schwimme, war sie an meiner Seite, glaubte an mich und ließ in ihrer Liebe niemals nach. „Ich liebe dich, Mama!"

Mein Vater war ein starker Mann, der meine Entscheidungen respektiert und an mich geglaubt hat. Er hat immer stolz auf mich geschaut und mich ermutigt, sowohl beruflich als auch in meiner Schwimmkarriere weiterzumachen. In meiner Kindheit war er manchmal sehr diszipliniert und zeigte seine Gefühle nicht allzu sehr, aber er respektierte mich immer und gab mir die Kraft, meine eigenen Entscheidungen zu treffen und mein eigenes Leben weiterzuführen. Er zeigte mir die analytische und realistische Seite des Lebens. Seine Hingabe, Stärke und die Denkweise, niemals aufzugeben, haben mich inspiriert. „Ich liebe dich, Papa, du wirst immer in meinem Herzen sein!"

Ich möchte auch meinem Cousin Yasin danken, der mir meinen Freund Emre Deliveli vorgestellt hat. Emre war mein Teamkollege im Freiwasserschwimmen, der mich bei der Verwirklichung meiner Träume unterstützt hat, wie dem Schwimmen im Ärmelkanal und der Veröffentlichung dieses Buches. Unsere Reise im kalten Wasser begann zusammen, und in zukünftigen Projekten werden wir weiterhin Seite an Seite arbeiten. Wir sind zusammen geschwommen, haben zusammen geweint, zusammen gekämpft und zusammen gelacht. Ich war bei deiner Ärmelkanal-Überquerung dabei und du bei meiner. Was für ein magischer Moment!

Meine Schwimmfreunde sind wie ein Teil meiner Familie. Es ist nicht nur großartig, mit ihnen zu schwimmen, sondern auch die Rituale vor und nach dem Schwimmen zu genießen, wie das Frösteln, das Gespräch und das gemeinsame Essen. Sie sind immer bei mir, sei es im Wasser oder außerhalb des Wassers. Sie geben mir den Rhythmus und die Motivation im Wasser.

Meine Freunde aus meiner Kindheit, die meine Schwimmfreunde sind, sind für mich etwas Besonderes. Aslı Eter war immer an meiner Seite, als ich schwierige Zeiten durchmachte, als ich von Deutschland in die Türkei umzog. Wir sind zusammen geschwommen und sind enge Freunde geworden. Selbst während der Ausgangssperre haben wir über Zoom trainiert, Kraft und Kondition aufgebaut und uns gegenseitig motiviert. „Danke, Aslı, dass du immer für mich da warst, egal wo und wann. Du bist wirklich die einzige Person, die meine Seele und mich versteht!" Danke auch an Christin Lai, die immer für mich in den letzten Jahren da war, als ich mal jemanden zum Reden brauchte.

Danke an meinen spirituellen Coach Faine Fitzgerald, die mich seit 3 Jahren in meiner persönlichen Weiterentwicklung begleitet und mir hilft im Moment zu bleiben.

Mein Universitätsprofessor, Heinrich Wottawa, hat mir immer anspruchsvolle Fragen gestellt, mich gecoacht, mich während meines Masterstudiums unterstützt und mir geholfen, meinen ersten Job zu finden. Er hat mich immer verstanden, meine Seele erkannt und mir zur richtigen Zeit die richtigen Ratschläge gegeben. „Ich danke Ihnen, Professor Wottawa, für Ihre Anleitung, Unterstützung und herausfordernden Fragen, die mich aus meiner Komfortzone gedrängt und mich ermutigt haben, etwas für mein Leben zu tun."

Meinem Teamkollegen im Mannschaftsschwimmen und den Unterstützern bei meiner Soloärmelkanalüberquerung, Yasemin Bagana, Emre Deliveli, und unserem Trainer Kamil Resa Alsaran, danke ich herzlich. Mit Euch zusammen konnten wir als Team aus unserer Komfortzone ausbrechen und die großartigen Teamwettkämpfe im Ärmelkanal und im Nordkanal durchführen, und ich konnte Teil des ersten türkischen Teams sein, das den Nordkanal durchschwommen hat.

Ich danke Mustafa Özer, der die Organisation des Schwimmens von Russland in die Türkei arrangiert hat und uns alle zusammengebracht hat. Er hat ein großartiges Projekt initiiert, das es mir ermöglicht hat, diese wertvolle Erfahrung in meinem Buch zu teilen.

Ein besonderer Dank gilt Hamza Bakırcıoğlu, der mich seit Anfang an mental und während meiner Trainingseinheiten unterstützt und es mir ermöglicht hat, an der Weltmeisterschaft teilzunehmen. Nicht nur er selbst, sondern auch seine Familie hat mich uneingeschränkt unterstützt. Hamzas Vater, Seyfi Bakırcıoğlu, hat mir vor und nach dem Training und vor dem Rennen Motivation und Kraft gegeben und mir die Wärme eines Vaters gezeigt. Bei der Weltmeisterschaft waren wir alle zusammen, und ihre Unterstützung hat mir sehr viel Mut gegeben und mein Selbstvertrauen gestärkt. Ich danke auch Hamzas Frau Dilek sehr. Nach dem Eisbad hat sie mich massiert, aufgewärmt und mir geholfen, wieder zu mir zu kommen. Teamarbeit ist der Schlüssel zum Eisbaden. Ohne Hamzas Familie hätte ich keinen Weltmeistertitel gewinnen können. Nochmals vielen Dank an die Bakırcıoğlu-Familie!

Lieben Dank auch Jeannette Stangier-Bors! Unsere Trainings im Caumer See werde ich nicht vergessen! Die Eisbären-Stäfa-Gruppe war auch ein super Start für meine Eisschwimm-Trainings in Männedorf. Peter Brönnimann: Schön, dass du mich kontaktiert hast!

Danke Jürg, dass du mich auch 10 Stunden mit Deinem Segelboot während der Vorbereitung für den Ärmelkanal unterstützt und begleitet hast.

Danke an FITLINE, an Ilona Roth und Thomas Rauscher, vielen Dank für die Ernährungsunterstützung und die Anleitung. Es hat mir geholfen, mein Energielevel sowohl bei der Arbeit als auch im Wasser aufrechtzuerhalten und hat auch meinen Regenerationsprozess beschleunigt.

Danke an Can Demirdögen, der mich ermuntert hat, das Buch ins Deutsche zu übersetzen und veröffentlichen zu lassen. Ich bin so froh, dass diese erweiterte Ausgabe jetzt in meiner Muttersprache Deutsch für alle zur Verfügung steht!

Danke an meinem Sponsor Adalvo und für gezielte Unterstützung in der Ärmelkanalreise. Das Team von Anil Okay ist super. Danke an Gabi Cassar für die Kollaboration. Freue mich auf die weitere Reise mit Adalvo.

Ich möchte den Personen und Editoren danken, die zur Entstehung dieses Buches beigetragen haben und mir Mut gegeben haben. Falk Zimmer, ich danke dir für die Grafik und die Design-Beratung für das Modell „Komfortzone". Ich danke auch meinem Arbeitgeber EY, von dem ich während meinen beruflichen Erfahrungen in Südafrika, in London und meiner Karriere insgesamt begleitet wurde.

1

Einführung –
Die Komfortzone verlassen

öchtest du im Sport- oder Businessbereich einen Schritt
nach vorne gehen und erkunden, was du alles noch erreichen
kannst? Deine Potentiale entfalten? Suchst du nach dem
Sinn des Lebens und möchtest deine Leidenschaften finden
und verfolgen? Möchtest du deine Misserfolge oder Schmerzen
als Gelegenheit zur Entwicklung nutzen? Bist du bereit, deine
Komfortzone zu verlassen, um dich in einer anderen Dimension
zu entdecken und deine Grenzen zu überwinden? Wenn du eine
dieser Fragen mit „Ja" beantwortet hast, solltest du dieses Buch
weiterlesen.

Dieses Buch erzählt von einer Reise ins Leben außerhalb der
Komfortzone, davon, wie wir unsere selbst gesetzten Grenzen
überwinden können, und davon, wie wir uns körperlich und
geistig weiterentwickeln können. Es gibt keine Grenzen dafür,
was du erreichen kannst, jenseits der Grenzen, die du dir in
deinen eigenen Gedanken gesetzt hast. Das Schreiben und

Veröffentlichen eines Buches war für mich eine Erfahrung außerhalb meiner Komfortzone, und ich kann kaum glauben, dass ich den Mut gefunden habe, diese Zeilen zu schreiben.

Als ich mit dem Buch angefangen habe, befand ich mich beruflich in Johannesburg, Südafrika, während der Covid-19-Pandemie. Ich war zu Hause, saß zusammen mit allen Höhen und Tiefen an meinem Schreibtisch und dachte darüber nach, wie ich mein Leben und meine Gedanken verbessern kann und etwas Produktives aus dieser Phase ziehe. Ich hatte vergessen, wann diese Isolation begonnen hatte, und ich wusste nicht, wann sie enden wird. Ich konzentrierte mich nur auf die Gegenwart, auf diesen Moment, und spürte den Fluss, der in meinen Gedanken widergespiegelt wurde. Was ich betonen möchte, ist, dass all diese Geschichten und Erfolge nicht nur die meinen sind. Ich mag sie vorangetrieben und zu einem integralen Teil gemacht haben, aber es handelt sich um eine gemeinsame Reise, einen gemeinsamen Erfolg. Ohne meine Familie, meine Freunde und meine Trainer könnte ich nicht hier sitzen und diese Zeilen schreiben.

Mein Name ist Deniz. Mein Schicksal mit Wasser wurde bereits festgelegt, bevor ich geboren wurde. Ich bin Wirtschaftspsychologin, zertifizierter Coach, Trainerin und Senior Managerin bei einem der großen vier Wirtschaftsprüfungsunternehmen (neben Deloitte, KPMG und PwC), bekannt als Ernst & Young oder kurz EY. EY ist ein multinationales Unternehmen für professionelle Dienstleistungen mit Sitz in London, Vereinigtes Königreich, und eines der größten professionellen Dienstleistungsunternehmen weltweit. Ich arbeite im Bereich Managementberatung und unterstütze Kunden in Fragen, die sich auf Menschen in der Geschäftswelt beziehen, und leite Projekte im Bereich Veränderungsmanagement, Transformation und Talentmanagement. Ich berate Kunden in den folgenden Bereichen: Wie kann man Talente erkennen? Deren Potentiale entfalten? Sicherstellen, dass die richtigen Kandidaten an der richtigen Stelle arbeiten? Wie können Organisationen Change Management erfolgreich gestalten und die menschlichen Motive dabei im Vordergrund halten? Wie können Menschen für die zukünftigen Anforderungen in diesem schnelllebigem Leben ausgebildet, weiter geschult und motiviert werden?

Darüber hinaus bin ich Extremschwimmerin, und trotz meines sehr anspruchsvollen Beratungslebens habe ich es geschafft, mit dem Schwimmen weiterzumachen. Ich bin keine außergewöhnliche Person, die von einer makellosen Welt spricht oder die Makellosigkeit selbst ist. Mein Ziel ist es, dein Herz zu berühren, deinen Mut zu stärken, deiner Leidenschaft zu folgen, und dir als Inspirationsquelle zu dienen, indem ich meine Erfahrungen und Quellen der Inspiration mit dir teile. Ich möchte dir helfen, deine Komfortzone … zu erweitern, damit du deinen eigenen Weg gestalten kannst.

Das Leben ist niemals einfach; es war nie einfach. Schmerz und Unannehmlichkeiten sind Teil unseres Lebens. Auf und Abs sind Teil des Weges zu unserer Weiterentwicklung. Wir beginnen das Leben mit Tränen und setzen es mit vielen Herausforderungen in verschiedenen Lebensbereichen fort. Als Menschen haben wir unterschiedliche Bedürfnisse. Unsere psychologischen Bedürfnisse, wie geliebt werden, akzeptiert werden, gehört werden, als wichtig angesehen werden und dazugehören, werden von Kindheit an nie vollständig befriedigt, und diese innere Leere verursacht genauso viel Schmerz wie externe Einflüsse. Natürlich planen wir unser Leben nicht, um Schmerz oder Unbehagen zu empfinden. Es geschieht plötzlich und unvorhergesehen. Und es kommt, wenn du den Mut hast, deine Komfortzone zu verlassen und nach mehr Erfahrungen zu suchen. Ohne Schmerz und Unannehmlichkeiten kannst du nicht wissen, was Komfort und Glück bedeuten. Ohne deine eigenen Grenzen zu überschreiten, kannst du dich nicht entdecken und dein volles Potenzial ausschöpfen. Es gibt kein Nicht-Können, vielleicht hast du es nur noch nicht versucht oder noch nicht geschafft.

Du kannst nie wissen, wie sich etwas anfühlt oder was du tun kannst, wenn du es nicht ausprobiert hast. Der Bereich außerhalb deiner Komfortzone ist dein Entwicklungsbereich und wird nach deinem persönlichen Wandel deine neue Komfortzone sein. Deine Transformation beginnt mit Unannehmlichkeiten und deiner Art und Weise, damit umzugehen.

In Bereichen außerhalb der Komfortzone, wie herausfordernden Momenten in der Familie oder bei der Arbeit, entscheiden sich einige Menschen, Opfer zu sein, während andere sich dafür entscheiden, gestärkt daraus hervorzugehen, als Helden oder Krieger. In welcher Kategorie siehst du dich, und welche möchtest du in naher Zukunft sein?

2

Welche Bereiche sind dir vertraut, und in welchem Bereich befindest du dich aktuell?

Oft fühlen wir uns in Bereichen außerhalb unserer Komfortzone unsicher, weil das Risiko des Scheiterns oder das Gefühl der Überforderung hoch ist. Dennoch lernen wir in diesem Bereich, wie wir unsere Ängste überwinden und wie wir mit unseren begrenzenden Überzeugungen und inneren Hindernissen umgehen können. Unsere persönliche Entwicklung erfolgt durch schmerzhafte und schrittweise Transformationsprozesse. Es ist ein Prozess, in dem ein Angstbereich zu einem Bereich des Wachstums und ein Bereich außerhalb der Komfortzone zu einem neuen Bereich der Komfortzone wird.

Wir wechseln von einem Bereich in einen anderen. Manchmal sind wir uns der Bereiche bewusst, manchmal kann es auch ein unbewusster Prozess sein, wo wir uns wohlfühlen oder uns weniger sicher fühlen. Je besser du das Konzept verstehst, desto besser kannst du deine inneren Bereiche reflektieren und steuern, die Bereiche anderer Menschen beobachten und diese sowohl im privaten als auch im beruflichen Leben viel besser und effektiver verwalten. Sich selbst zu kennen, ist der erste Schritt, um andere zu verstehen.

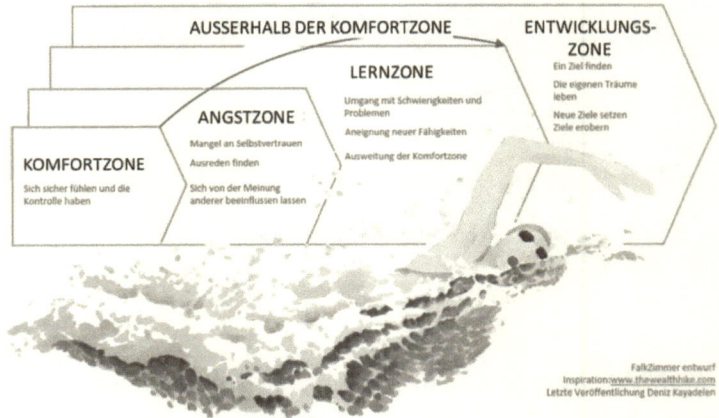

FalkZimmer entwurf
Inspiration:www.thewealthhike.com
Letzte Veröffentlichung Deniz Kayadelen

ES GIBT VIER ZONEN:

Der erste ist unsere Komfortzone, der bequemste Bereich:
Wir alle brauchen unseren Komfortbereich, in dem wir uns sicher fühlen und wissen, was wir tun. Dieser Bereich ist der Ort, an dem wir uns erneuern, um mit potenziellen Herausforderungen in verschiedenen Lebensbereichen umgehen zu können. Sicherheit und Komfort sind grundlegende Bedürfnisse. Jeder hat seinen eigenen Komfortbereich. Für einige kann es beim Kochen zu Hause sein, für andere kann er im Büro sein, wo sie hart arbeiten und eine wohlverdiente Beförderung erhalten.

Jeder hat seine eigene Definition. Es ist wichtig zu wissen, wie du deinen eigenen Komfortbereich reflektieren kannst, da dir dies dabei hilft, verschiedene Bereiche in deinem Leben auf die richtige Weise zu nutzen. Das Risiko im Komfortbereich besteht darin, dass du aufhörst, Neues zu lernen. Auf diese Weise erlebst du weiterhin dieselben Routinen und könntest leicht gelangweilt werden. Routinen sind vorhersehbar. Sie sind bequem, aber Du bewegst Dich weniger und bringst deinen Geist und Körper auf eine andere Ebene weniger voran.

Der zweite ist der Bereich außerhalb der Komfortzone, in dem die Angst beginnt und Entwicklungs- und Lernbereiche folgen. Dieser Bereich liegt zwischen dem Komfortbereich und der Entwicklungszone. Ohne den Komfortbereich zu verlassen, kannst du die Entwicklungszone, welche selbst ein höheres Maß an Komfort ist, nicht erreichen. Wenn wir uns in der Entwicklungszone befinden, erweitern wir direkt unseren Komfortbereich und fühlen uns sicherer und weniger besorgt. Dies ist ein Zeichen dafür, dass wir stärker werden und uns verwandeln. Bevor wir das tun können, müssen wir jedoch den Angstbereich überwinden.

Der dritte Bereich ist die Angstzone: Die Angst ist ein Gefühl, das durch wahrgenommene Gefahr oder Bedrohung verursacht wird und zu Verhaltensänderungen führt, wie z. B. das Verstecken, Fliehen oder Erstarren bei wahrgenommenen schmerzhaften Handlungen. In Menschen kann Angst als Reaktion auf gegenwärtige Reize auftreten oder als Vorhersage oder Erwartung einer zukünftigen Bedrohung. Zum Beispiel können wir, je mehr negative Assoziationen wir aus unserer Kindheit oder unseren letzten unerwünschten Erfahrungen haben, mehr Ängste entwickeln. Manchmal möchten wir einfach nur im Komfortbereich bleiben und möchten nicht aus dem Angstbereich ausbrechen, insbesondere aufgrund unserer inneren Ängste. Die Angstzone ist oft der Ort, an dem wir Ausreden finden, um neue Dinge zu vermeiden. Wir fühlen uns unsicher und sind anfälliger für die begrenzenden Überzeugungen anderer Menschen. In diesem Bereich ist das Angstniveau sehr hoch. Je mehr Angst wir haben, desto mehr Hindernisse spüren wir in unserem inneren Denkprozess, und wir werden weniger mutig, etwas zu tun oder Neues auszuprobieren. Oftmals, wenn wir von anderen hören: „Tu das nicht, das ist gefährlich, zu riskant oder du kannst es nicht", sollten wir wissen, dass dies oft auf ihre eigenen negativen Assoziationen und begrenzenden Überzeugungen zurückzuführen ist, die wiederum auf ihre eigenen inneren Ängste und Hindernisse zurückzuführen sind. Dies ist die verwundbarste Phase. Wir fühlen uns nicht sicher und möchten diesen Bereich verlassen. Wir möchten überleben, und unser Gehirn versucht uns davon zu überzeugen, in unseren Komfortbereich zurückzukehren.

Der vierte Bereich ist die Lernzone: Im Lernbereich sind wir bereit, Schwierigkeiten und Probleme zu bewältigen, Neues zu lernen und uns selbst zu entdecken. Wenn wir uns nicht herausgefordert oder ängstlich fühlen, können wir nicht lernen, mit diesen Gefühlen und Situationen umzugehen. Wir erkunden neue Erfahrungen, erweitern unsere Denkweise und gehen einen Schritt weiter. In diesem Bereich konfrontieren wir unsere Ängste und gewinnen mehr Selbstvertrauen.

Der fünfte Bereich ist die Entwicklungszone: In der Entwicklungszone setzen wir uns neue Ziele und finden einen neuen Zweck im Leben. Wir reflektieren und definieren für uns selbst, warum wir hier sind und was wir repräsentieren möchten. In diesem Bereich leben wir unsere Träume, indem wir unsere Komfortzone verlassen und magische Momente erleben. Unser Gehirn und unser Körper sind mit neuen Reizen konfrontiert, was das Belohnungssystem und die Freisetzung von Adrenalin aktiviert.

In diesem Buch möchte ich meine eigene Reise außerhalb der Komfortzone und der Entwicklungszone teilen. Ich werde mich auf meine Schwimmreise und einige persönliche Lebensgeschichten konzentrieren und diese mit meinem professionellen Wissen und meinem Bildungshintergrund verbinden.

ZUSAMMENFASSUNG:

1. **Oft fühlen wir uns unsicher in Bereichen außerhalb unserer Komfortzone,** weil das Risiko des Scheiterns oder in eine Krise zu geraten, hoch ist. Doch gerade in diesen Bereichen lernen wir, unsere Ängste zu überwinden und mit unseren limitierenden Gedanken und inneren Barrieren umzugehen. Unsere persönliche Entwicklung geschieht durch schrittweise Transformationsprozesse.

2. **Es gibt fünf Hauptbereiche, zwischen denen wir wechseln:**
   ▶ Der Komfortbereich
   ▶ Der Bereich außerhalb des Komforts
   ▶ Die Angstzone
   ▶ Die Lernzone
   ▶ Die Entwicklungszone

3. **Je besser du das Konzept dieser Bereiche verstehst,** desto besser kannst du deine inneren Bereiche reflektieren und kontrollieren, die Bereiche anderer Menschen beobachten und sie sowohl in deinem privaten als auch beruflichen Leben viel effektiver verwalten.

4. **Sich selbst zu kennen, ist der erste Schritt, um andere zu verstehen.**

3

Von der Angstzone zur Lernzone – jeder Abschied ist ein neuer Anfang

VON DEUTSCHLAND IN DIE TÜRKEI – JULI 1998

Manchmal kommt alles auf einmal und wir fühlen uns überwältigt. Viele Herausforderungen zwingen einen dazu, sich ihnen auf einmal zu stellen. Ich werde nie das Jahr vergessen, in dem ich elf Jahre alt war.

Alles begann mit einem Skiunfall, bei dem ich mir den Arm an zwei Stellen brach, einige Rippen beschädigte und sogar Gefahr lief, eine Niere zu verlieren. Ich schlug mit dem Kopf gegen eine Wand, es war wie eine Szene aus einem Film. Die Leute, darunter auch meine Mutter, haben den Moment mit eigenen Augen gesehen. Ich verlor die Kontrolle, konnte nichts mehr sehen, schloss die Augen und prallte schnell gegen die Wand.

Ich erinnere mich, dass ich nicht mehr atmen, sprechen oder mich bewegen konnte. Meine Skier flogen in zwei verschiedene Richtungen. Ich hörte und spürte die Menschen nur, als sie nach mir sahen und die Sirene des Krankenwagens in meinen Ohren widerhallte. Sie waren gekommen, um mich zu retten. Ich vertraute ihnen und hoffte, dass ich so bald wie möglich wieder sprechen, atmen und meinen Körper bewegen konnte.

Nach zwei Notoperationen konnten die Ärzte in Deutschland und in der Türkei meine Niere und meinen Arm retten. Zehn Wochen später konnte ich wieder zur Schule gehen und in meinen Alltag zurückkehren. Sagte ich Alltag?

Als ich nach Hause zurückkehrte, wurde mir klar, dass es nicht mehr möglich war, zu unserem „normalen" glücklichen und friedlichen Familienleben zurückzukehren. Ich war nur ein Kind und meine Eltern waren kein perfektes Paar. Aber ich hoffte immer noch, dass sie gemeinsam einen friedlichen Ausweg finden würden. Nach ein paar Wochen wurde mir klar, dass sich alles sehr schnell verändert hatte.

Eines Tages kam meine Mutter zu mir und sagte: „Wir ziehen in die Türkei, du und ich." Das war das erste Mal, dass ich den größten Verlust in meinem Leben spürte. Wir hatten auch finanzielle Probleme, sodass wir unser Familienleben und unser Familienunternehmen verloren; ich verlor meine Freunde, das Land, in dem ich geboren wurde, und vieles mehr. Ich verlor die Sprache, die ich seit meiner Geburt gesprochen hatte, meine Ballett- und Schwimmstunden, meine täglichen, wöchentlichen und monatlichen Routinen. Ich verlor alles. Aber nicht nur in meinem Kopf. Irgendwie war das die Realität. Ich musste mich mit der Realität auseinandersetzen, alles zu verlieren, was ich je gehabt hatte. Ich spürte den Schmerz meiner Mutter, ich spürte den Schmerz meines Vaters, ich spürte den Schmerz meines Körpers und meines Geistes, aber ich wusste, dass es kein Zurück mehr gab. Ich musste die Situation mit meiner Familie überwinden. Ich musste mich selbst überwinden. Ich musste die Umgebung überwinden. Ich musste mich verabschieden. Ich musste mich von allem verabschieden, was ich liebte und woran ich gewöhnt war.

Dieser Abschied war auch ein Neuanfang für uns alle.

Jeder Abschied ist ein neues Willkommen für Überraschungen!

Ich beschloss, zu allem und zu meinem neuen Leben Hallo zu sagen. Hallo zu einem neuen Anfang mit vielen Überraschungen, vielen neuen Menschen, einer neuen Sprache, einer neuen Schule, neuen Freunden, einem neuen sozialen Umfeld. Und natürlich Hallo zu der wunderschönen Metropole Istanbul, einer wahren Weltstadt, die jeder mindestens einmal im Leben besuchen sollte. Eine faszinierende Mischung aus östlicher und westlicher Kultur, eine pulsierende, moderne Stadt mit einer einzigartigen Identität. Ich war überwältigt, aber gleichzeitig auch neugierig auf die Stadt, die Menschen und alles, was mich erwartete.

WER HÄTTE GEDACHT, DASS MEINE LEIDENSCHAFT BEI MEINEM GRÖSSTEN FEIND BEGINNEN WÜRDE? – WIE HABE ICH MEINE SCHWIMMREISE BEGONNEN?

Der erste Schritt war, ein neues Zuhause in Istanbul zu finden. Wir hatten Glück und fanden ein wunderschönes Haus in einer herrlichen Gegend am Meer namens Yesilkoy. Die zweite Herausforderung bestand darin, eine deutschsprachige Schule zu finden. Wir haben bald alles geregelt und uns eingelebt. Für mich war es eine völlig ungewohnte Erfahrung. Mein Vater, meine Freunde, die Menschen, an die ich gewöhnt war, waren nicht mehr bei mir. Die Kultur war völlig anders. Die Sprache war anders. Die Umgebung hatte andere Erwartungen, und ich musste mich mit meiner eigenen traurigen Geschichte im Kopf bei neuen Leuten vorstellen.

Meine Schule war eine deutsche Schule, aber einige Stunden wurden noch auf Türkisch unterrichtet. Ich erinnere mich an eine Mathestunde, in der ich nicht einmal das Wort „Dreieck" kannte. Es war eine Herausforderung für mich, alles zu verstehen und so weiterzumachen, als ob nichts passiert wäre.

Wenn ich nachmittags nach der Schule nach Hause kam, hörte ich fast jeden Tag die gleiche Geschichte, unsere Geschichte. Unsere traurige Geschichte, warum wir aus Deutschland in die Türkei gekommen waren. Meine Mutter war aufgebracht, sie war wütend und enttäuscht, was nach einer Scheidung verständlich ist. Für mich als Kind war es schwer, die Schwierigkeiten in der Schule und zu Hause zu überwinden. Es tat mir im Herzen weh, meine Mutter jeden Tag zu Hause und sie nicht lächeln zu sehen. Ich hatte sehr wenig Kontakt zu meinem Vater.

Ich versuchte, für meine Zukunft und für meine Mutter stark zu bleiben, und mein Vater versprach mir am Telefon, dass wir gemeinsam eine Lösung finden und gestärkt in unser neues Leben gehen würden. Die meiste Zeit fühlte ich mich einsam und ein wenig verloren im Leben. Trotz meiner Verwandten und meiner neuen Freunde in der Schule fehlte mir etwas. Mein ganzes Leben hatte sich verändert. Die Art, wie ich zur Schule ging, wie ich aß und schlief, mein soziales Umfeld.

Nach ein paar Monaten war es an der Zeit, ein neues Hobby zu finden, das mich wieder glücklich machen, mir ein Gefühl der Stärke, mehr Vertrauen in das, was um mich herum geschah, und ein starkes Zugehörigkeitsgefühl geben und mir helfen würde, stärkere Bindungen einzugehen.

In der Nähe unseres Hauses gab es einen sehr berühmten Sportverein. Meine Mutter war Mitglied in diesem Verein gewesen, bevor sie nach Deutschland zog, und sie kannte noch viele Leute von früher. Wir beschlossen, die Möglichkeiten für mich zu prüfen.

In Deutschland hatte ich viele Hobbys. Auf meinem Programm standen jeden Tag Tennis, Ballett, Klavierunterricht und Schwimmen. Schwimmen gefiel mir am besten. Immer wenn ich im Wasser war, fühlte ich mich wie in einer anderen Welt. Ich spürte das Wasser intensiv, ich ging in eine andere Dimension und fühlte mich jedes Mal nach dem Schwimmen frei und glücklich, als wäre ich gerade geboren worden. Das

Schwimmen nahm all meine negative Energie mit ins Wasser und gab mir ein Gefühl von Freiheit und Stärke.

Also beschloss ich, mit dem Schwimmen weiterzumachen, und trat einem der besten Schwimmvereine in der Türkei bei. Es gab verschiedene Niveaus von A bis D. Die A-Mannschaft war die schnellste und die D-Mannschaft war die langsamste. Das A-Team war das schnellste Team und das D-Team war für Anfänger. Der Schwimmlehrer überprüfte meine Schwimmfähigkeiten und beschloss, mich in Stufe A einzuteilen. Das bedeutete fünf Tage Training pro Woche.

Die Vorstellung, so intensiv Sport zu treiben, gefiel mir nicht. Sport war damals auch nicht der Mittelpunkt meines Lebens. Ich war generell ein fauler Mensch, fuhr immer irgendwohin und nahm lieber den Aufzug als die Treppe. Das war eine weitere große Herausforderung in meinem Leben. Ich hatte schon viel zu überwinden, und nun musste ich mit meinem müden Geist und meinem faulen Körper auch noch intensive Trainingseinheiten absolvieren.

In Deutschland schwamm ich gerne, aber nur einmal pro Woche, ohne Wettkampfziele oder intensive Trainingseinheiten. Jetzt war ich in diesem Schwimmteam und musste fünf Tage in der Woche trainieren. Das war inakzeptabel!

Die ersten Trainingseinheiten waren für mich sehr frustrierend. Alle waren schneller als ich. Ich fühlte mich sehr schwach, als hätte ich keine Kraft in meinem Körper. Ich habe mich angestrengt, aber mein Körper und mein Geist waren müde. Ich hatte gemischte Gefühle beim Schwimmen. Einerseits war ich in einem tollen Team mit freundlichen Leuten und einem hervorragenden Trainer, und ich hatte das Gefühl, zu einer Gruppe zu gehören. Andererseits fühlte ich mich sehr müde und überfordert und wollte nach der Schule nach Hause gehen, nicht zum Training.

Ich erinnere mich an meine ersten Wochen im Schwimmen. Eines Tages war das Training so anstrengend, dass ich aus dem Wasser stieg und anfing zu weinen wie ein kleines Kind. Es war mir so peinlich, aber ich konnte nicht anders. Ich hatte die Nase voll von meinem Leben, meinem Geist, meinem Körper und allem anderen. Ich fühlte mich so schwach. Ich konnte mit der Situation nicht umgehen, und die Lösung war, aus dem Wasser zu steigen und zu weinen. Als ich nach Hause kam, sagte ich meiner Mutter, dass ich nicht mehr zum Schwimmen gehen wollte. Ich sagte ihr, dass es zu anstrengend und überwältigend war. Ich sagte ihr, dass ich die zermürbenden Leistungen nicht aushalten konnte und dass ich zu Hause bleiben und nichts tun wollte. Aber ich wusste, dass sie mich aus der A-Mannschaft streichen würden, wenn ich weniger als vier Mal pro Woche zum Training gehen würde. Meine Mutter hörte mir zu, sagte aber nichts.

Am nächsten Tag sprach sie, ohne es mir zu sagen, mit meinem Schwimmtrainer und bat ihn, mich ein paar Wochen lang zu tolerieren. Sie glaubte, dass ich weiterschwimmen würde, wenn ich mich nicht unter Druck gesetzt fühlte.

Eine Woche später ging ich nach Hause und fragte meine Mutter, ob ich schwimmen gehen müsse. Sie sagte: „Das ist deine Entscheidung. Wenn du zu Hause bleiben willst, kannst du bleiben. Wenn du gehen willst, kannst du gehen." Ich spürte, dass ich weitermachen musste, dass ich mich dieser Herausforderung stellen musste, meinen Ängsten und Gefühlen, die mich schwach machten.

Ich beschloss, an diesem Tag zum Training zu gehen, und es war die letzte Trainingseinheit, an der ich zweifelte. Nach diesem Tag änderte sich mein Leben. Ich war bereit, weiterzumachen, einen Schritt nach vorne zu machen, und mir wurde klar, dass ich viel harte Arbeit und mentale Stärke brauchte, um in diesem großartigen, leistungsstarken Team besser und schneller zu werden.

Ich nahm die Herausforderung an und beschloss, weiterzuschwimmen, denn das war zumindest ein echter Anfang. Ein Anfang für meine innere Reise, für meine Leidenschaft, um aus Situationen, in denen ich mich schlecht oder schwach fühlte, stark hervorzugehen. Schwierigkeiten als eine Veränderung in meiner persönlichen Entwicklung zu sehen. Es war der Anfang meiner individuelle Transformation.

Ich ging sieben Mal pro Woche schwimmen, fünf Mal nachmittags und im Winter zweimal um 5.30 Uhr morgens. Das erforderte Disziplin, geistige und körperliche Stärke, Entschlossenheit und innere Motivation. Im Sommer schwammen wir draußen in einem wunderschönen 25-Meter-Salzwasserbecken mit Blick auf das Meer. Wir schwammen jeden Tag einmal, außer montags, da schwammen wir zweimal am Tag. Das Schwimmteam wurde meine neue Großfamilie. Mein Trainer war wie ein großer Bruder für mich, und meine Schwimmkameraden wurden meine Brüder und Schwestern.

Ich hatte das starke Gefühl, dass ich zu diesen wunderbaren Menschen und zum Wasser gehörte.

Der wahre Kampf beginnt, wenn man Schmerzen und Unbehagen verspürt, und wenn man seine Schmerzen in den Griff bekommt, ist man der Sieger und kann trotz der inneren Hindernisse weitermachen.

Einige der Trainingseinheiten waren hart und brachten uns an unsere Grenzen. An einem Tag mussten wir zwanzigmal hundert Meter im gleichen Tempo schwimmen, mit nur 20 Sekunden Pause dazwischen. Nach den ersten sieben hundert Metern fühlte ich mich erschöpft und wollte Wasser trinken, so dass ich den Start der achten hundert Meter verpasste. Unser Trainer wurde sehr wütend und holte mich aus dem Training und aus dem Schwimmbecken. Ich fühlte mich sehr schlecht und war sehr wütend auf ihn, er hatte mich verärgert. Ich war eine disziplinierte Schwimmerin, und er hatte das ignoriert und seine Autorität genutzt, um mich vor den anderen Schwimmern und Trainern rauszuwerfen. Ein paar Tage später sprachen wir darüber und er sagte zu mir: „Es spielt keine Rolle, wie müde du bist, wie erschöpft du dich fühlst, du musst immer weitermachen. Der eigentliche Kampf beginnt, wenn man Schmerzen und Unbehagen verspürt. Wenn du deine Schmerzen in den Griff bekommst und trotz deiner inneren Hindernisse weitermachst, hast du gewonnen." Er wollte, dass ich mich unwohl fühle, um mir diese Lebenslektion zu erteilen. Danach dachte ich jedes Mal, wenn ich mich müde fühlte oder aufhören wollte, an diesen Vorfall und erinnerte mich daran, weiterzumachen.

Das Gehirn ist sehr mächtig. Mit dem Gehirn kann man seinen Körper und den Schmerz kontrollieren und seine Ausdauer bis zum Äußersten treiben.

Das Schwimmen hat mich viel gelehrt und mir ein Gefühl von Freiheit und Stärke gegeben. Selbst wenn ich einen schlechten Tag habe oder schlecht gelaunt bin, komme ich nach 30 Minuten Schwimmen in eine meditative Stimmung und vergesse alles um mich herum. Nach einer ein- bis eineinhalbstündigen Trainingseinheit fühle ich mich erschöpft, aber glücklich. Das Schwimmen hat mich gelehrt, diszipliniert zu sein und es auch zu bleiben. Ich mag es nicht, früh aufzustehen; ich schlafe gerne bis 8 Uhr morgens. Diese morgendlichen Trainingseinheiten haben mich gelehrt, trotz meiner inneren Hindernisse und meines Wunsches zu schlafen, aufzuwachen. Danach war ich immer dankbar für die Möglichkeit, meinen Tag so gut zu beginnen, sodass ich mich für den Rest des Tages energiegeladen fühlte und mich in der Schule viel besser konzentrieren konnte.

Nach einigen Monaten harten Trainings wurde ich zu einem der schnellsten Mitglieder des Teams und begann, jedes Jahr an den türkischen Meisterschaften teilzunehmen. Mein Lieblingsstil war Schmetterling, und ich arbeitete hart, um die Technik richtig zu lernen. An manchen Tagen schwamm ich insgesamt 1,5 km im Schmetterlingsstil. Einige Jahre später schwamm ich im türkischen Finale über 200 m Schmetterling und wurde eine der fünf schnellsten Frauen in meiner Altersklasse in der Türkei.

ZUSAMMENFASSUNG

1. **Jede Herausforderung, der wir uns stellen, bringt uns in unserem Leben einen Schritt weiter und formt unsere Persönlichkeit.** Sie macht uns zu den Menschen, die wir heute sind. Unsere Erfahrungen und die Art und Weise, wie wir mit den Herausforderungen umgehen, die sich uns stellen, haben einen großen Einfluss auf unsere Denkweise und unseren Charakter. Siehe diese Herausforderungen als Chance, deine Persönlichkeit zu entwickeln und positiv zu gestalten.

2. **Denke daran, dass jedes Ende ein Anfang ist.** Das Leben ist immer voller Überraschungen, lass dich darauf ein und scheue dich nicht davor, deine alten Gewohnheiten und dein Umfeld zu verlassen.

3. **Finde deine Leidenschaft und gehe ihr nach.** Manchmal ist sie nicht klar, und deine größten Feinde oder Ängste könnten deine wahre Leidenschaft sein.

4. **Der eigentliche Kampf beginnt, wenn du Schmerzen und Unbehagen verspürst. Du** kannst erfolgreich sein, wenn du deine Schmerzen bewältigst und trotz innerer Hindernisse wie Angst, Motivationsverlust und Frustration weitermachst.

5. **Dein Gehirn ist sehr leistungsfähig. Nutze es.** Mit deinem Gehirn kannst du deinen Körper und den Schmerz kontrollieren und deine Ausdauer bis an die Grenze treiben. Mit der Kraft deines Gehirns und harter Arbeit kannst du alles erreichen, was du willst.

6. **Jede Reise hat ihren eigenen Grund.** Versuche, das Beste aus deinem Schmerz zu machen und ihn in Glück für dein Leben zu verwandeln. Siehe alles als ein Zeichen und einen weiteren Meilenstein für deine persönliche Entwicklung und dein Glück auf deinem individuellen Weg.

7. **Jede Herausforderung, der du sich stellst, bringt dich in deinem Leben einen Schritt weiter und formt deine Persönlichkeit.** Sie macht dich zu der Person, die du heute bist. Deine Erfahrungen und die Art und Weise, wie du mit den Herausforderungen umgehst, die du dir stellst, haben einen großen Einfluss auf deine Denkweise und deinen Charakter. Sehe diese Herausforderungen als Chance, Ihre Persönlichkeit zu entwickeln und positiv zu gestalten.

4

Die Begegnung mit meiner wahren Liebe und Leidenschaft

WIE HABE ICH MIT DEM FREIWASSERSCHWIMMEN BEGONNEN?

Meine Schwimmreise begann im Schwimmbad und setzte sich im Meer fort. Meine Leidenschaft für das Freiwasserschwimmen begann in einem Paradies auf Erden. Meine Familie kaufte ein Sommerhaus in Datça, in der südwesttürkischen Provinz Mugla, zwischen den berühmten Ferienorten Bodrum und Marmaris. Wir waren jeden Sommer dort, und ich nutzte die Gelegenheit, um meine wahre Leidenschaft im Wasser zu entdecken.

Datça ist mein Lieblingsort auf der Welt. Dort spüre ich Frieden und Natur, dort kann ich meine innere Stimme hören. In Datça habe ich vor 20 Jahren mit dem Freiwasserschwimmen begonnen. Dort habe ich auch angefangen, zu meditieren und meinen Körper und Geist zu motivieren, aus meiner Komfortzone herauszukommen. Es ist sehr schwer zu erklären, wie dieser Ort mir eine natürliche Kraft verleiht.

Datça, wo das schönste Wetter der Türkei herrscht, ist ein Ort voller Frieden und natürlicher Schönheit. Die 50 Kilometer lange, dünne und lange Datça-Halbinsel am Schnittpunkt von Ägäis und Mittelmeer. Die alten Griechen glaubten, dass Datça mit seinen wunderbaren felsigen Oberflächen und dem meergrünen Wasser von Zeus selbst erschaffen wurde. Der Geograph Strabo sagte angeblich: „Gott hat seine geliebten Geschöpfe nach Datça geschickt, damit sie länger leben." Wir sind jeden Sommer dorthin gefahren und alle Mitglieder der Großfamilie haben sich dort getroffen. Ich habe eine ziemlich große Familie. Alle meine Cousins und Onkel haben sich hier gesehen, und wir alle haben wunderbare Erinnerungen an dieses irdische Paradies.

Meine Familie liebt die Natur und den Sport, genau wie ich. Unser Tag begann um 7 Uhr morgens mit einer Wanderung von etwa 10 Kilometern in den wunderschönen Bergen. Unterwegs kann man links das Mittelmeer und rechts die Ägäis sehen. Wunderschöne Landschaften und der Duft der Natur von Thymian, Salbei und Jasminblüten.

Nach unserer Wanderung belohnten wir uns mit frischer Wassermelone und Feigen vom Bauernhof. Und was kam danach? Natürlich schwimmen und so lange wie möglich im Meer bleiben, bevor es mittags ein Familienfrühstück gab.

Ich kann ohne weiteres sagen, dass Datça das schönste Meerwasser der Welt hat. Die Temperatur liegt im Sommer bei etwa 22 Grad, immer etwas kühler als an anderen Orten in derselben Gegend. Das Wasser ist sauber. Es gibt keine gefährlichen Meeresbewohner. Das Meer hat starke Wellen, vor allem am Nachmittag; man kann die Kraft der Natur im Wasser durch starke Strömungen und Wellen spüren.

Jeden Sommer schwamm ich morgens nach dem Bergwandern und Nachmittags nach dem Sonnenbaden zu meiner kleinen Lieblingsinsel. Insgesamt schwamm ich jeden Tag etwa acht Kilometer, fünf Kilometer am Morgen und drei Kilometer am Nachmittag.

Morgens und nachmittags begann ich, die Wellen zu genießen und die verschiedenen Stimmungen des Wassers zu spüren. Die Wellen und Strömungen bereiteten mir Freude und ich spürte die natürliche Kraft und Freiheit des Wassers. Das Wasser ist auch launisch. Mal still, mal mit vielen Wellen, mal stürmisch.

Der Ausdruck des Meeres war unglaublich. Es war ein völlig anderes Gefühl als im Schwimmbad. Mir wurde klar, dass das offene Wasser meine wahre Leidenschaft ist. Wenn ich im Wasser war, wollte ich immer weiter und weiter gehen. Selbst als ich allein in die tiefste Bucht ging, wo man den Meeresboden nicht sehen kann, hatte ich keine Angst. Ich fühlte, dass ich zum Meer gehörte und das Meer zu mir. Ich fühlte die Verbindung zwischen meinem Körper, meiner Seele und meinem Geist und dem grenzenlosen Ozean. Die Farbe, der salzige Geschmack, das Gefühl der Wellen ... Ich liebe alles am Meer. Es ist wie eine ewige Beziehung zwischen dem Meer und mir. Eine unendliche und bedingungslose Liebe. Eine wahre Liebe, die ich mit meinem ganzen Körper, meiner Seele und meinem Geist spüre.

Manchmal kabbelig, manchmal ruhig, manchmal unvorhersehbar.

Der Urlaub in Datça war für mich wie ein Sportcamp. Neben dem Schwimmen bin ich am Strand gelaufen, in den Bergen gewandert und habe einige Kraft- und Konditionsübungen gemacht. Ich dachte daran, den Schwung, den ich hier gewonnen habe, für die Teilnahme an nationalen und internationalen Freiwasserwettkämpfen zu nutzen.

Das Schwimmen im Freiwasser ist eine ganz andere Herausforderung als im Schwimmbad. Erstens sind alle Schwimmbecken mehr oder weniger gleich: Die Strecke ist 25 oder 50 Meter lang. Die Temperatur schwankt zwischen 24 und 28 Grad. Während des Rennens gibt es keine Wellen oder

Überraschungen. Und natürlich muss man sehr gut Purzelbäume schlagen können.

Im Freiwasserschwimmen muss man natürlich keine Purzelbäume schlagen. Aber es gibt noch größere Unterschiede zwischen den beiden Disziplinen: Im Freiwasser gleicht keine Schwimmstrecke zu unterschiedlichen Tageszeiten der anderen. Strömungen, Wellen, Wetter, Wind und Wassertemperatur – alles spielt eine Rolle. Und wenn man länger als 5 Kilometer schwimmt, ist natürlich auch das Essen und Trinken während des Schwimmens sehr wichtig. Datça hat mir die Kraft und die Erfahrung gegeben, all diese Unwägbarkeiten im Wasser zu überwinden und den Mut, an Freiwasserwettkämpfen teilzunehmen.

ZUSAMMENFASSUNG:

1. **Denke nach und finde deine wahre Leidenschaft.** Wenn du sie heute noch nicht kennst, ist das in Ordnung. Suche und erforsche weiter, bis du sie spürst. Deine innere Stimme wird dir sagen, was du magst und was dich wirklich glücklich macht.

2. **Sei nicht verzweifelt, wenn du deine Leidenschaft noch nicht gefunden hast.** Es gibt viele neue Aktivitäten, die du erforschen kannst. Und wenn du die Erfahrung des Flow machst, wenn du die Zeit genießt, wenn du die innere Motivation spürst, weiterzumachen, wenn du dich erfrischt und glücklich fühlst, dann weißt du, dass du deine Leidenschaft gefunden hast.

3. **Finde deinen Lieblingsort im Leben.** Einen Ort, an dem du dich wohl fühlst und dich erneuern kannst. Das wird dich entspannen und dir ermöglichen, dich für andere Herausforderungen, die auf dich zukommen werden, zu erneuern.

4. **Nimm dir Zeit, um die Natur und dich selbst zu spüren und deiner Leidenschaft zu folgen.** Atme, denke nach und nimm dir Zeit. Es ist in Ordnung, wenn du dir Zeit für dich selbst und deinen Denkprozess nimmst. Du musst nicht immer in Bewegung sein. Nimm dir Zeit, um dich in der Natur zu entspannen, zu spüren, was passiert, und zu tun, was dir wirklich guttut.

5

Ein wahr gewordener Traum

WIE WURDE ICH SIEGERIN UND SCHWAMM VON ASIEN NACH EUROPA?

Mein erstes Freiwasserrennen war eine der größten internationalen Schwimmveranstaltungen der Welt, bei der ich von Asien nach Europa schwamm. **Der Bosporus Interkontinental Schwimmwettkampf.** Dabei handelt es sich um ein jährliches Freiwasserschwimmereignis zwischen den Kontinenten Europa und Asien, das in der Regel Ende Juli in Istanbul stattfindet. Mehr als 2400 Teilnehmer aus aller Welt begeben sich in die Gewässer der Bosporusstraße, während eine der meistbefahrenen Schifffahrtsstraßen der Welt vorübergehend für drei Stunden für den Verkehr gesperrt wird. Es ist ein unglaubliches Erlebnis, unter der Brücke hindurchzuschwimmen, die Europa mit Asien verbindet, und die schönen Aussichten und Häuser im Zentrum Istanbuls zu sehen. Das Rennen beginnt im Stadtteil Kanlıca auf der asiatischen Seite und endet im Stadtteil Kuruçeşme auf der europäischen Seite. Die Strecke ist etwa 6 Kilometer lang. Die Strömung ist sehr stark, und neben Ausdauer und Schnelligkeit braucht man ein gutes Gespür und Wissen über die Strecke und die Zonen und Richtungen der Strömung. Bei meinem ersten Rennen belegte ich den 4. Platz in meiner Altersklasse. Ich war mental nicht auf dieses Rennen vorbereitet.

Ein Jahr später habe ich die Strecke analysiert, eine Taktik im Kopf ausgearbeitet und die verschiedenen Strömungsrichtungen auf einer detaillierten Karte studiert. Der Bosporus ist ein wirklich schwieriges Gebiet. Es gibt zwei verschiedene Strömungen, die in entgegengesetzte Richtungen fließen. Wenn man zu weit links oder rechts ist, muss man gegen die Strömung schwimmen, aber wenn man genau in der Mitte des Kanals schwimmt, folgt einem die Strömung und treibt einen in Richtung Ziel.

Nicht weit vom Ziel entfernt befindet sich eine kleine künstliche Insel namens Galatasaray Island. Bei meinem ersten Rennen schwamm ich nach der Insel direkt auf die Ziellinie zu; das war der größte Fehler, den ich bei diesem Rennen machen konnte. Viele Schwimmer blieben zwischen der Insel und der dahinter liegenden Ziellinie stecken. Auch wenn man ein schneller Schwimmer ist, kann man dort nicht gegen die starke Strömung anschwimmen. Man muss die Natur spüren, sie verstehen und ihre Regeln befolgen. Man kann nicht gegen die Natur kämpfen. Du musst mit den Wellen und dem Wind tanzen und den Zeichen folgen, die die Natur dir gibt. Genau wie in unserem normalen Leben, nicht wahr?

Bei meinem zweiten Rennen habe ich aus dieser Erfahrung gelernt und beschlossen, mich mental besser vorzubereiten und eine taktischere Route zu wählen.

Als ich dieselbe Insel sah, schwamm ich, obwohl die Strecke länger war, weiter geradeaus, und anstatt direkt zum Ziel zu schwimmen, nutzte ich die Kraft der Natur und der Strömung, um in einer L-Form zum Ziel zu gelangen. Als ich das Rennen beendete, kam ich aus dem Wasser und alle Kameraleute umringten mich und fragten mich, wie ich mich fühle und was mein nächstes Ziel sei. Ich sagte ihnen, dass mein Ziel sei, die schnellste Frau in meiner Altersklasse zu sein.

Ich gab ein paar Interviews, und ein paar Minuten später überprüfte ich die Ergebnisse des Rennens, und erstaunlicherweise sah ich meinen Namen in allen Altersklassen an der Spitze: Ich war die schnellste Frau!

Ein paar Stunden später begann die Siegerehrung und ich weinte vor Glück. Der Moment, in dem ich realisierte, dass ich wirklich den ersten Platz gewonnen hatte, war wie ein Traum. Ich umarmte meine Freunde, meinen Trainer und meine Mutter und war wie vom Donner gerührt. Sowohl die körperliche als auch die mentale Vorbereitung haben mir geholfen, in nur einem Jahr die schnellste Frau in diesem unglaublichen Rennen zu werden.

Diese Erfahrung hat mir gezeigt, dass es keine Grenzen gibt, wenn unsere mentale und körperliche Stärke in die gleiche Richtung gehen und wir uns voll und ganz auf etwas vorbereiten. Nachdem ich dieses Rennen gewonnen hatte, begann ich, mehr an mein eigenes inneres Potenzial zu glauben, und in meinem Geist und Körper eröffnete sich eine neue Dimension. Ich beschloss, dieses Potenzial zu nutzen und an weiteren Wettkämpfen in meinem Element, im Freiwasser, teilzunehmen.

Ein Rennen folgte dem anderen und ich gewann viele Freiwasserrennen als schnellste Frau.

Eines dieser spektakulären Rennen war der Çanakkale-Marathon, der am Tag des Sieges stattfand. Die Dardanellen wurden für eineinhalb Stunden für den Schiffsverkehr gesperrt, und die Schwimmer legten 4,5 Kilometer von Eceabat nach Çanakkale zurück. Die Uhrenfirma Quantum sponserte das Rennen damals, und als Siegerin erhielt ich schöne Quantum-Uhren, aber sie schenkten mir immer Männeruhren statt Damenuhren. Nachdem ich meine Preise meinem Vater und meinem Freund geschenkt hatte, brachte ich im dritten Jahr meine Uhr zum Firmensitz und bat darum, meinen Preis gegen ein Damenmodell einzutauschen. Endlich konnte ich meine eigene Uhr tragen, die ich beim Schwimmen gewonnen hatte.

SCHWIMMEN FÜR DEN FRIEDEN

Ein weiteres großartiges Rennen war das Schwimmen für den Frieden zwischen der Türkei und Griechenland. Der **Meis-Kas-Marathon** von der griechischen Hafenstadt Kastellorizo zur türkischen Hafenstadt Kas ist etwa 8 Kilometer lang. Auch hier war ich glücklich, die schnellste Freiwasserschwimmerin der Türkei zu sein, und ich genoss jeden Moment der Vorbereitung, des Trainings und der Erlebnisse mit meinen Teamkollegen. Wir hatten Spaß, wir litten, wir erlebten viele Emotionen gleichzeitig, und solche Momente stärkten unsere Beziehungen.

Bis zum Vorbereitungsjahr auf die Universität absolvierte ich weiterhin 5-8 Mal pro Woche hartes Schwimmtraining und habe an nationalen Wettkämpfen teilgenommen.

DAS SCHWIERIGSTE JAHR – VORBEREITUNG AUF DIE HOCHSCHULPRÜFUNG – 2013

Die Vorbereitungszeit für die Universitätsprüfung, die ÖSS, ist für viele junge Türken eine der größten Herausforderungen. Diese Prüfung ist ein standardisierter Test für den Zugang zu höheren Bildungseinrichtungen in der Türkei. Die einzige Möglichkeit, im türkischen Bildungssystem eine Universität zu besuchen, ist das Bestehen dieser Prüfung, die in einer dreistündigen Multiple-Choice-Prüfung die gesamte Ausbildung eines Schülers während seiner zwölfjährigen Schulzeit abdeckt. Jedes Jahr legen mehr als 2.000.000 Abiturienten diese Multiple-Choice-Prüfung ab, die aus 180 Fragen besteht und die analytischen und verbalen Fähigkeiten bewertet.

Das Ergebnis des Tests entscheidet über deine Zukunft. Anhand des Ergebnisses kannst du deine bevorzugten Universitäten und Studienfächer auswählen. Du hast eine Top-Ten-Liste, und je nach Angebot und Nachfrage platziert das System dich automatisch in einer der von dir gewählten Universitäten. Das bedeutet, dass deine Zukunft und dein Schicksal ein wenig in den Händen des Systems liegen, und wenn du Glück hast, kannst du einen Platz in einer deiner Lieblingsuniversitäten erhalten.

Während dieser Vorbereitungszeit habe ich mit dem Schwimmen aufgehört, aber ich habe weiter Unterwasserhockey gespielt, um mich nicht zu weit vom Wasser zu entfernen. Ich hatte alle vierzehn Tage Training. Das hat Spaß gemacht, ich konnte das Wasser immer noch spüren und etwas für meinen Körper und meinen Geist tun.

Die Schulnoten haben auch Einfluss auf die allgemeine Hochschulreife. Deshalb habe ich meinen schulischen Erfolg über das Schwimmen gestellt. Ich habe jeden Tag gelernt, meine Hausaufgaben gemacht und proaktiv am Unterricht teilgenommen, um die beste Schülerin in der Schule zu sein. All meine Bemühungen haben sich über die Jahre hinweg ausgezahlt, und ich wurde schließlich **die beste Schülerin** meines Gymnasiums. Dieses Ergebnis verschaffte mir einen gewissen Vorteil für mein Gesamtergebnis bei der Aufnahmeprüfung an der Universität. Ich habe alles getan, um meine Chancen zu erhöhen, meinen Traum, Psychologin zu werden, zu verwirklichen.

ZUSAMMENFASSUNG:

1. **Träume immer und denke groß!** Lege deine Messlatte hoch und arbeite dafür. Du bist viel mehr, als du denkst, und du wirst es im Laufe der Zeit deutlicher sehen und spüren.

2. **Du musst nicht nur hart arbeiten, sondern auch klug sein und immer eine Strategie haben.** Bevor du dich einer Herausforderung stellst, solltest du planen, deine Erfolgsstrategie festlegen, deine Alleinstellungsmerkmale definieren, die Herausforderungen verstehen und planen, wie du sie bewältigen wirst.

3. **Arbeite hart und habe Vertrauen in dich selbst.** Mach weiter, auch wenn es weh tut, und du wirst Erfolg haben! Schmerzen sind ein Zeichen dafür, dass du an deine Grenzen stößt und aus deiner Komfortzone heraustrittst. Wenn du dich unwohl fühlst, ist das ein gutes Zeichen für deinen Fortschritt und spornt dich an, deine Ziele zu erreichen und deine Träume zu verwirklichen.

6

Vom Schwimmen zur Psychologie Vom Schmerz zum Erfolg –

MEIN WEG ZUR PSYCHOLOGIE UND ZUR PSYCHOLOGIN

Ich wollte Psychologin werden, weil ich wusste, dass ich mit dem Schwimmen auf Dauer nicht genug Geld verdienen würde. Schwimmen ist eher eine Individualsportart, und es gibt weniger Zuschauer und Sponsoren als bei populären Mannschaftssportarten. Natürlich hätte ich auch Trainerin werden und meine Erfahrungen an die jüngere Generation weitergeben können, aber gleichzeitig wollte ich meinen Verstand gebrauchen und meinen Horizont erweitern. Seit meiner Kindheit habe ich mich immer für Psychologie interessiert. Ich wollte das Verhalten, die Bedürfnisse und die Reaktionen der Menschen verstehen. Vielleicht war es die gestörte Beziehung zwischen meinen Eltern, die mich auf dieses Gebiet gebracht hat. Schon als ich zwölf oder dreizehn Jahre alt war, las ich Bücher über Psychologie und Philosophie. Da auch meine Mutter solche Bücher las, gab es zu Hause viele Bücher dieser Art, die mich anzogen und mein Interesse an diesem Fachgebiet verstärkten.

Ich bereitete mich Tag und Nacht auf die Universitätsprüfung vor. Jeden Tag nach der Schule und sogar an den Wochenenden besuchte ich ein privates Nachhilfezentrum. Im Grunde hatte ich kein Privatleben und konzentrierte mich nur darauf, mein Ziel zu erreichen und meinen Traum, Psychologin zu werden, zu verwirklichen. Es war ein stressiges Jahr mit vielen Herausforderungen und Unsicherheiten.

Nach mehr als sechs Jahren disziplinierten Schullebens und einem Jahr intensiver Vorbereitung als beste Schülerin der Schule legte ich die Universitätsprüfung ab.

Du kannst dir nicht vorstellen, wie schwierig es war, auf die Ergebnisse zu warten. Meine Zukunft hing von dieser Prüfung ab. Sie würde bestimmen, was ich in Zukunft sein würde.

Als ich drei Monate später die Ergebnisse erhielt, war ich sehr nervös, denn ich hatte Angst, durchzufallen und keinen Studienplatz zu bekommen! Ich wurde an der Universität Istanbul angenommen, einer der besten Universitäten der Türkei und der ersten staatlichen Universität seit der osmanischen Zeit. Ich war sehr glücklich und fühlte mich erleichtert. Eine große Last war von mir abgefallen. Ich war so hoffnungsvoll wie noch nie in meinem Leben und konnte es kaum erwarten, dass das Studium begann und ich Psychologin werde.

Sobald ich meinen Studienplatz für Psychologie in der Tasche hatte, fing ich wieder an zu schwimmen. Die meisten Schwimmer hören nach dem Studium auf, weil es schwierig ist, gleichzeitig zu schwimmen und zu studieren. Während meiner gesamten Studienzeit schwamm ich weiter, besuchte alle Vorlesungen, um die verschiedenen Aspekte der Psychologie besser zu verstehen und die diversen beruflichen Möglichkeiten für dieses Fachgebiet zu entdecken, und absolvierte mehr als fünf Praktika in den Bereichen Forensik, klinische Psychologie, Personalwesen und Coaching. Ich arbeitete in einem psychiatrischen Zentrum mit Drogenabhängigen, in der Forensik, bei Befragungen von Mördern, in einem Krankenhaus mit Schizophreniepatienten und in der Personalabteilung eines Gesundheitsunternehmens.

Gegen Ende meines Studiums bewarb ich mich für ein Doppeldiplom in Psychologie in Bochum, Deutschland. Ich bewarb mich für das Sokrates-Erasmus-Programm und erhielt schließlich ein Doppeldiplom in Psychologie sowohl in Deutschland als auch in der Türkei. Es war wichtig für mich, ein Diplom aus beiden Ländern zu haben, da ich mich nicht entscheiden konnte, wo ich leben wollte. Ich wollte mich absichern, da ich mich immer zwischen den beiden Ländern hin- und hergerissen fühlte.

Aufgrund meiner Praktikumserfahrungen fühlte ich mich von der Wirtschaft mehr angezogen als von der klinischen Psychologie. Ich mochte es lieber, mich auf die Potenziale und Stärken der Menschen zu konzentrieren, was ich als zukunftsorientiert ansehe, anstatt die Vergangenheit der Menschen und tiefere individuelle Probleme zu untersuchen.

Deshalb entschied ich mich für einen Master in Arbeits- und Organisationspsychologie. Die Arbeitspsychologie befasst sich mit Themen aus der Unternehmenswelt, wie z. B. Training und Coaching für die individuelle und berufliche Entwicklung von Menschen, die Beurteilung von Menschen für den richtigen Job oder die richtige Rolle, die Unterstützung von Menschen in Veränderungsprozessen und die Motivation von Menschen zur Leistungssteigerung.

Warum habe ich nicht aufgehört zu schwimmen und mich damit herausgeredet, dass ich mit meinem Studium, meinen Praktika und meinem sozialen Leben beschäftigt bin? Weil ich es wollte, weil ich es brauchte und weil ich meine Zeit entsprechend einteilen konnte.

ZUSAMMENFASSUNG:

1. **Suche so lange, bis du weißt, was du im Leben wirklich willst,** und gehe dann dem nach!

2. **Denke über dich selbst und deine Bedürfnisse nach** und mache dir klar, was du in deinem Leben wirklich willst und wo deine Prioritäten liegen.

3. **Du kannst nichts erreichen, was du nicht wirklich und aufrichtig willst.** Du musst es wollen, und wenn du wirklich überzeugt bist, kann dich nichts aufhalten. Selbst wenn du Schmerz, Enttäuschung oder Angst empfindest, wird sich die Kraft des Wollens durchsetzen und alle Energien in deinem Leben werden dich dabei unterstützen, das zu erreichen, was du wirklich willst.

4. **Harte Arbeit sowie Hingabe, Wunsch und Engagement sind die Schlüssel,** um das zu erreichen, was du liebst, und erfolgreich zu sein.

5. **Deine Denkweise ist der Schlüssel! Du** kannst die begabteste Person in einem Bereich sein, aber du wirst nicht die höchste Stufe des Erfolgs erreichen, wenn du nicht bereit bist, dich diesem Bereich zu widmen und dich zu engagieren.

7

Beratende Tätigkeit bei Big 4 und gleichzeitig Leistungssport ?!

NICHTS IST UNMÖGLICH! WENN MAN ETWAS WIRKLICH WILL UND DAFÜR ARBEITET, IST NICHTS UNMÖGLICH!

Nach meinem Masterabschluss begann ich meine Karriere als Beraterin. Ich liebte die neuen Herausforderungen, die Vielfalt der Projekte und die Dynamik der Beratung. Ich wusste, dass das Leben in der Beratung hart sein würde. Es ist kein Job, bei dem man von 9 bis 17 Uhr arbeitet, und man muss bereit sein, oft zu reisen. Es gibt keine Routine, es ist kein repetitiver Job und man muss immer kreativ sein, wenn es darum geht, verschiedene Kundenprobleme zu lösen. Es ist ein Kundengeschäft. Man muss dorthin gehen, wo der Kunde ist. Die meiste Zeit ist man beim Kunden vor Ort, d. h. man wohnt in Luxushotels, aber man hat weniger Zeit für sich selbst. Man befindet sich oft außerhalb seiner Komfortzone.

Die Kunden stellen immer wieder neue Herausforderungen, und als Berater muss man sie lösen. Das bedeutet, dass man schwierige Situationen meistern, sich mit völlig neuen Themen und unterschiedlichen Persönlichkeiten auseinandersetzen und schnell lernen müssen, Ihre Beratungsleistungen zu erbringen und einen Mehrwert zu schaffen. Als Berater müssen Sie ein Alleinstellungsmerkmal haben, und es ist nie einfach, sich als Experte zu positionieren, vor allem, wenn Sie mit neuen Themen konfrontiert werden, mit denen Sie nicht vertraut sind.

ISTANBUL – BOCHUM UND BOCHUM – STUTTGART

Ich zog für meinen ersten Job nach Stuttgart, was eine große Veränderung und eine völlig neue Umgebung bedeutete. Zu diesem Zeitpunkt kannte ich in dieser neuen Stadt niemanden, es gab keine Menschen, denen ich vertrauen konnte, und alles war neu für mich. Meine Freunde waren in Istanbul, Berlin und anderen Städten. Ich beschloss, einem Sportverein beizutreten, um mich fit zu halten und vielleicht neue Leute kennenzulernen. Sechs Monate später war ich Teil eines Schwimmteams, in dem ich wieder Beziehungen knüpfen konnte, die auf einer gemeinsamen Leidenschaft beruhten. Ich vermisste das Schwimmen, aber zunächst dachte ich, dass es schwierig sein würde, gleichzeitig zu trainieren und in der Beratung zu arbeiten. Dann wurde mir klar, dass man es nie weiß, bevor man es nicht versucht hat, und tief in meinem Herzen spürte ich, dass ich schwimmen musste und wollte. Also schloss ich mich einem Trainingsteam an und trainierte weiterhin mindestens zweimal pro Woche. Das Training reichte aus, um meine allgemeine Ausdauer zu erhalten, und ich nahm weiterhin an nationalen und internationalen Meisterschaften teil und gewann Medaillen.

WAR ES SCHWIERIG, TROTZ EINES ANSPRUCHSVOLLEN BERATERJOBS WEITER ZU SCHWIMMEN?

Es wäre eine Lüge, wenn ich behaupten würde, dass es einfach war, weiter zu schwimmen. Es war schwer, das Tempo beizubehalten, die Motivation zum Training und natürlich auch die Zeit zu finden. Aber ist denn irgendetwas im Leben leicht? Sollte alles ein Kinderspiel sein? Natürlich war es schwer. Die Herausforderung besteht darin, wie wir unsere Träume verwirklichen oder unsere Leidenschaften trotz der Hindernisse verfolgen können.

Für mich ging es darum, Prioritäten zu setzen, meine Zeit einzuteilen und meine Entschlossenheit und Hingabe aufrechtzuerhalten. Das erforderte natürlich viele Opfer und Disziplin. Wenn meine Freunde mit mir ausgehen wollten, musste ich zweimal überlegen und oft ablehnen, weil ich wusste, dass ich vor dem Training am nächsten Morgen nur wenig Zeit zum Schlafen hatte und sowohl für meine Arbeit als auch für das Schwimmen fit bleiben musste.

Ich folgte dieser Maxime:

Wenn du etwas wirklich willst und brauchst, wirst du es bekommen.

Denke an deine Leidenschaft. Überlege, was dich glücklich macht und dir Energie gibt. Wenn du deinen Hobbys nachgehen möchtest, kannst du das tun, egal wie beschäftigt du bist. Ich sage dies aufgrund meiner eigenen Erfahrungen und Beobachtungen.

In meinem Arbeitsumfeld kenne ich einige Leute, darunter CEOs und CFOs, die immer noch schwimmen oder ihren Hobbys wie Golf, Laufen oder der Teilnahme am Iron Man über die halbe Distanz nachgehen und sogar Rennen gewinnen.

Ich kann den Kommentar meines ersten Chefs nicht vergessen: „Wenn du im Beratungsgeschäft tätig sein willst, musst du aufhören zu schwimmen. Du kannst nicht beides tun, vor allem nicht, wenn du von einer Beraterposition in eine Führungsposition aufsteigen und deine Karriere vorantreiben willst." Heute bin ich Senior Managerin in einem noch größeren und wettbewerbsfähigeren Unternehmen, einem der Big 4, einem der besten Beratungsunternehmen der Welt, und ich schwimme immer noch.

Schränke deine Gedanken und dein Verhalten nicht aufgrund der Kommentare anderer ein. Selbst wenn es sich um vertrauenswürdige und respektierte Personen in deinem Leben handelt, wie deine Mutter, deinen Chef oder deinen besten Freund. Du kennst deine Grenzen, deine Leidenschaft und hast keine Angst, sie zu überschreiten, auch wenn du deine Grenzen spürst. Du wirst sehen, wozu du fähig bist.

Du musst deiner Leidenschaft folgen und es für dich selbst tun. Wir können nicht für andere leben. Wir müssen wissen, was uns glücklich macht und uns Energie gibt, um unsere Arbeit zu erfüllen oder immer für Menschen da zu sein, die uns brauchen, wie zum Beispiel unsere Familienmitglieder. Natürlich ist es wichtig, für andere da zu sein, aber man muss sich auch Zeit für sich selbst nehmen. Vergiss dich selbst nicht in dieser geschäftigen und hektischen Welt. Je ausgeglichener, friedlicher und stärker du dich fühlst, desto mehr kannst du anderen geben und deine Energie teilen. Sei dir deiner eigenen Energiequelle bewusst und schütze sie.

Die Quelle meiner Motivation und Energie ist das Schwimmen. Ich wusste, dass es mir hilft, fit, glücklich und energiegeladen zu bleiben. Deshalb trainiere ich weiter. Diese Vitalität hat mir geholfen, meine Leistung im Beruf und meine Energie im Privatleben zu erhalten.

ZUSAMMENFASSUNG:

1. **Nichts ist unmöglich!** Wenn du etwas wirklich willst und dafür arbeitest, ist nichts unmöglich!

2. **Wenn du etwas wirklich willst und wenn es wirklich für dich bestimmt ist, wirst du es bekommen.** Glaube fest daran und mache weiter, ohne aufzugeben.

3. **Du musst deiner Leidenschaft folgen und es für dich selbst tun.** Auf dem Weg wird es tausende Ausreden geben, aber du brauchst einen Grund für dich!

4. **Du kannst deine Hobbys und deine harte Arbeit gleichzeitig erledigen.** Es geht darum, Prioritäten zu setzen, sich die Zeit einzuteilen und seine Entschlossenheit und sein Engagement für die Dinge, die man tut, aufrechtzuerhalten.

5. **Schränke deine Gedanken und dein Verhalten nicht ein, indem du auf die Kommentare anderer Rücksicht nimmst.** Selbst wenn es sich um vertrauenswürdige und geachtete Personen in deinem Leben handelt, wie deine Mutter, deinen Chef oder deinen bester Freund. Jeder hat seinen eigenen Gedankengang, der ein wenig voreingenommen sein kann.

6. **Du kennst deine Grenzen, deine Leidenschaft, und hab keine Angst, sie zu überschreiten, auch wenn du deine Grenzen spürst. Du** wirst erleben, was du tun und fühlen kannst.

8

Das Langstreckenschwimmen liegt mir im Blut – 24-Stunden-Schwimmen in Stuttgart

„DAS LEBEN WIRD NICHT LEICHTER ODER NACHSICHTIGER, WIR WERDEN STÄRKER UND WIDERSTANDSFÄHIGER.„

Steve Maraboli, Leben, Wahrheit und frei sein.

Jedes Jahr findet in deutschen Schwimmbädern ein 24-Stunden-Schwimmwettkampf für die Öffentlichkeit statt. Der Deutsche Schwimmverband (DSV) organisiert die Veranstaltung in verschiedenen Regionen. Ursprünglich wurde die Veranstaltung 1985 ins Leben gerufen, um das Interesse am Schwimmsport zu steigern und die öffentlichen Schwimmbäder in Deutschland zu präsentieren. Inzwischen hat es sich zu einem Fitness- und Gesundheitsspektakel entwickelt, bei dem man so viele Runden schwimmen kann, wie man in den vorgegebenen

24 Stunden schafft. Wenn man sich zum Schwimmen anmeldet, erhält man eine „Zählkarte". Das ist zwar etwas altmodisch, aber mir gefällt die Idee, dass man nicht digital sehen kann, wer an erster Stelle steht. Das macht das Spiel interessanter und zwingt einen dazu, seine Grenzen herauszufordern und seine beste Strecke in 24 Stunden zu schwimmen. Man gibt seine Karte an der Kasse der Bahn ab, in der man schwimmen will. Der Zähler zählt die geschwommenen Bahnen. Wenn man das Schwimmbad verlässt, um eine Pause zu machen, zu schlafen oder nach Hause zu gehen, legt man seine Karte in eine Kartei zurück. Dann nimmt man sie wieder mit, legt sie in den Zähler zurück und schwimmt weiter. Wenn man mit dem Schwimmen fertig ist, gibt man die Karte ab, damit sie für das Endergebnis gezählt werden kann.

Meine Glückszahl ist die Drei. Man braucht immer eine Strategie, um Herausforderungen im Kopf zu bewältigen. In diesem Fall habe ich die Herausforderung in drei Abschnitte unterteilt, d. h. ich bin dreimal ins Wasser gegangen und habe mich dazwischen jeweils ausgeruht. Die Unterteilung der Strecke in drei Abschnitte hat mir geholfen. Der erste Abschnitt war der einfachste, weil er der erste war. Der zweite Abschnitt war der mittlere und der dritte war der letzte. So war es für mich einfacher, mein Gehirn in drei Schritten zu motivieren.

Im ersten Jahr begann ich mit 33 Kilometern, was mein Limit war. Ich ging dreimal ins Wasser und schwamm jedes Mal 10 bis 12 Kilometer.

Im zweiten Jahr beschloss ich, 3 Kilometer mehr als im Vorjahr zu schwimmen, also insgesamt 36 Kilometer. Ich schwamm jedes Mal 1 Kilometer im Wasser und brach meinen eigenen Rekord und absolvierte 36 Kilometer. Im darauf folgenden Jahr beschloss ich, wieder 3 Kilometer mehr zu schwimmen, also insgesamt 39 Kilometer. Alles lief gut und ich war unter den drei besten Schwimmern. Sie können sich nicht vorstellen, wie erschöpft, aber glücklich ich nach diesem 24-Stunden-Schwimmen war. Es war wie eine Reise, bei der ich mich in einer anderen Dimension wiederfand, meine Ausdauer steigerte und testete, mit jedem Kilometer stärker wurde und schließlich meinen bisherigen Erfolg übertraf.

WO LIEGT DIE GRENZE? WANN SAGT MAN SICH, DASS MAN AUFHÖREN SOLL, WANN IST ES GENUG?

Nach all diesem Schwimmen dachte ich: „Wo ist die Grenze?" Wann sage ich genug und okay? Das ist doch wie im normalen Leben: Man bekommt etwas und will immer mehr. Man vergleicht sich mit anderen, und natürlich gibt es immer bessere, reichere, erfolgreichere, beliebtere, schnellere oder schönere Menschen auf der Welt. Für die meisten Menschen ist der Grund für das „immer mehr wollen" das Bedürfnis nach Glück. Wir denken, wenn wir mehr haben, werden wir glücklich sein. Wir denken, wenn wir mehr bekommen, sind wir zufrieden. Und wenn wir die Besten sind, glauben wir, dass wir für immer glücklich sein werden. Ist das wirklich der Fall?

Die Gefahr dabei ist, dass das, was wir bekommen, nie ausreicht, dass man sich nie erfüllt fühlt oder dass das, was man bekommt, nicht zufriedenstellend ist, weil man immer auf mehr hofft. Wo ist die Grenze? Ich war mir dieses Syndroms bewusst und dachte, ich wäre glücklich und stolz auf mich, wenn ich die Marathondistanz schaffen würde. Das wäre mein eigener Rekord und meine eigene Grenze, ich könnte innehalten und sagen, dass ich auf meinem Weg der Selbstveränderung etwas wirklich Großes erreicht hätte.

Also habe ich mir vorgenommen, mehr als 42,2 Kilometer zu schwimmen, das war mein eigenes Limit, mein persönliches Ziel, mein Rekord für mich selbst, und ich hatte das Gefühl, dass das mein Höhepunkt bei dieser Art von 24-Stunden-Rennen sein würde.

Ich war für einen neuen Beraterjob nach Frankfurt gezogen, wo ich bereits im Bereich Talentmanagement und psychometrische Tests tätig war. Ich wohnte im Haus eines meiner besten Freunde, der in Stuttgart lebt, um an diesem Rennen teilzunehmen. Ich fuhr nach Stuttgart und startete das Rennen um 3 Uhr morgens. Ich teilte die Strecke wieder in Drittel auf. Ich begann zu schwimmen und wollte so viel Strecke wie möglich vor Mitternacht zurücklegen. Ich schwamm 15 Kilometer nur mit Toiletten- und Trinkpausen. Ich hatte einige Krämpfe und begann zu frieren. Ich schwamm etwa 5 Stunden. Ich hatte Energieriegel, Obst und Wasser vorbereitet. Nach 15 Kilometern stieg ich aus dem Wasser und machte zwei Stunden lang Pause. Ich aß meinen Energieriegel und eine Banane und versuchte, mich aufzuwärmen. Ich konzentrierte mich auf die nächste Runde. Jede Zählkarte bedeutete 15 Kilometer, also ging ich zum Schalter und bat um eine weitere Karte. Sie waren überrascht. Ich war sicher, dass ich noch mindestens 15 Kilometer schwimmen würde.

Nach der zweistündigen Pause stieg ich wieder ins Wasser und fühlte mich sofort kalt. Nach der ersten Runde - 15 Kilometern -war mein Körper bereits erschöpft. Es war bereits 22 Uhr. Einige Schwimmer gingen, andere blieben, einige richteten sich direkt am Becken ein Lager ein, um zu schlafen und sich auszuruhen. Mein Körper wurde müde, meine Arme verloren an Kraft und ich spürte ein Brennen in meinen Schultern.

Ich wusste, wenn ich vor 12 Stunden so viel wie möglich schwimmen konnte, würde ich motiviert sein, den Rest zu schwimmen und mein Ziel zu erreichen.

Ich schwamm bis 3 Uhr morgens. Bei meinen vorherigen 24-Stunden-Schwimmen war ich nach Hause gegangen und hatte ein paar Stunden geschlafen. Das wollte ich auch tun, aber dieses Mal war die Dauer der Pause im Vergleich zu meinen früheren Schwimmen wirklich begrenzt. Nach 30 Kilometern brannten meine Arme. Bei jeder Armbewegung spürte ich Schmerzen, meine Nase begann zu bluten. Ich konnte meine Arme nicht mehr hoch und runter bewegen, es war sehr schmerzhaft. Ich nahm eine heiße Dusche, trocknete mir die Haare und fuhr zum Haus meines Freundes. Sogar das Autofahren war wegen meiner Arme eine Qual. Als ich bei meinem Freund ankam, sah ich, dass er Nudeln für mich zubereitet hatte und drei Wärmflaschen auf dem Gästebett bereithielt. Ich war sehr froh, dass er mich unterstützte, aber gleichzeitig war ich an der Grenze meiner Kraft und meiner körperlichen Fähigkeiten. Ich fühlte mich sehr müde und schwach und fragte mich, wie ich wieder aufwachen und weitere 12 Kilometer schwimmen konnte. Ich spürte Schmerzen in jeder Zelle meines Körpers. Ich nahm einige Aspirin in der Hoffnung, weniger Schmerzen zu haben und schlafen zu können. Nach 4 Stunden klingelte der Wecker. Ich fühlte mich erschöpft. Wir hatten eine WhatsApp-Gruppe für unser Schwimmteam. Ich beschloss, dorthin zu schreiben, um jemanden zu finden, der mit mir schwimmen und mich motivieren könnte. Ich brauchte wirklich eine externe Motivation. Aber innere Symptome, sowohl körperliche als auch geistige, standen meinem Willen, weiterzumachen, im Weg. Ich fragte mich, warum ich das tat, und das war sehr schmerzhaft. Ich habe mir diese Frage immer wieder gestellt, aber ich weiß die Antwort nicht mehr, oder war es nur der Wunsch, das Ziel zu erreichen, das ich mir gesetzt hatte? Der Wunsch, mich zu konzentrieren, mich selbst und meinen Verstand zu überwinden. Ich lag noch im Bett und hatte diese Gedanken im Kopf, als ich eine Antwort aus der WhatsApp-Gruppe erhielt: Einer meiner guten Freunde, Frank, ein Sportlehrer, reagierte positiv auf meine Anfrage und sagte, dass er ins Schwimmbad kommen und mit mir schwimmen könne.

Ich fühlte mich nicht mehr einsam, und das motivierte mich, zumindest zu bleiben, mich fertig zu machen und den ganzen Weg zum Schwimmbad zu gehen.

Wir trafen uns am Eingang, machten uns fertig und begannen gemeinsam zu schwimmen. Nach 3 Kilometern sagte Frank, dass er gehen würde. Ich war dankbar, dass er mir wenigstens die Kraft gegeben hatte, die ersten Kilometer zu schwimmen. Ich hoffte, im Schwimmbecken auf andere Teamkollegen zu treffen und sah andere bekannte Gesichter. Ein anderes Teammitglied kam und schwamm nur 1 Kilometer. Wenigstens hatte ich etwas, auf das ich mich konzentrieren konnte, etwas, dem ich 20 Minuten lang meine Aufmerksamkeit schenken konnte. Es war ein gutes Gefühl zu wissen, dass ich nicht allein mit den anderen Teilnehmern im Schwimmbecken war. Ein Teammitglied auf der gleichen Runde ist immer ermutigend.

Bei Langstreckenschwimmen wie diesem braucht man immer etwas, das einen beschäftigt oder indirekt motiviert. Vor allem, wenn man in einem Schwimmbecken schwimmt. Anders als beim Laufen, Radfahren oder sogar beim Freiwasserschwimmen, wo die Landschaft wechselt und die Verfolgung des Ziels einen beschäftigt, gibt es beim Rundenschwimmen keine eingebaute Unterhaltung. Abgesehen von den Schmerzen im Körper, ist die Langeweile überwältigend und schmerzhaft zugleich.

Als ich für eine kurze Toilettenpause aus dem Wasser stieg, machten mir meine Arme Sorgen. Ich suchte einen Ausbilder auf und stellte ihm eine direkte Frage: „Ich habe weiterhin Schmerzen, vor allem in den Armen. Könnte dies langfristig negative Folgen haben, wie z. B. eine Verletzung meiner Schultern und Arme? Der Ausbilder antwortete mir wie folgt: „Machen Sie sich keine Sorgen. Es wird im Moment schmerzhaft sein, weil Sie jetzt Milchsäure in Ihren Armen haben, aber langfristig hat das keine negativen Folgen." Ich vertraute seinem Argument, denn er sagte mir genau das, was ich hören wollte. Ich wollte mich selbst, meinen Körper schützen, aber ich war sehr auf mein Ziel fokussiert und wollte trotz der Schmerzen einfach nur die Strecke absolvieren, die ich mir vorgenommen hatte. Nach all diesen Stunden hatte ich das Zeitgefühl verloren. Von den letzten 22 Stunden war ich 16 Stunden geschwommen, ich befand mich in einem Zustand des Flows. Die letzten zwei Stunden fühlte ich mich wie betrunken. Es war ein intensiveres Gefühl. Was ich erlebte, war ein intensiver Zustand des Fließens, in dem das Gefühl von Schmerz, Zeit und allem um mich herum verschwand. Ich war nur noch auf mich und das Ziel konzentriert. Auf den letzten Kilometern fing ich an, die Meter zu zählen, alle 100 Meter zu zählen und mich regelmäßig bei den Beobachtern, die meine Runden zählten, zu vergewissern, dass sie meine Strecke richtig zählten. Ich versuchte, mich zu konzentrieren und mich nicht mitreißen zu lassen. Wie konnte mein Körper trotz all dieser Schmerzen und Qualen durchhalten? Das war genau die positive Psychologie des Flow-Zustands.

DIE FLOW-PSYCHOLOGIE HILFT DIR, DEINE ZIELE TROTZ DES SCHMERZES ZU ERREICHEN.

Was genau ist Flow? Während des Schwimmens konzentrierte sich meine Aufmerksamkeit auf die Bewegungen meines Körpers, die Kraft meiner Muskeln, die Kraft meiner Lungen und das Gefühl des Wassers auf meiner Haut. Ich lebte im wahrsten Sinne des Wortes im Augenblick, war völlig in das vertieft, was ich gerade tat. Die Zeit schien wie im Flug zu vergehen. Ich war müde, aber ich habe es fast nicht gemerkt.

Laut dem positiven Psychologen Mihály Csíkszentmihályi ist das, was ich in diesem Moment erlebte, als Flow bekannt, ein Zustand des völligen Eintauchens in eine Tätigkeit. Er beschreibt den geistigen Zustand des Flows als „sich völlig auf eine Tätigkeit für sich selbst einlassen". Das Selbst ist verloren. Die Zeit vergeht wie im Flug. Jede Handlung, jede Bewegung und jeder Gedanke folgt unweigerlich auf die vorhergehende, genau wie in der Jazzmusik. Man ist mit seinem ganzen Wesen dabei und schöpft seine Fähigkeiten voll aus.

Die Erfahrung des Flows kann bei jedem Menschen anders aussehen. Manche erleben den Flow bei einer Sportart wie Skifahren, Tennis, Fußball, Laufen oder Schwimmen, wie in meinem Beispiel. Andere erleben den Flow beim Malen, Zeichnen oder Schreiben. Diese Momente des Flows treten in der Regel auf, wenn man eine Tätigkeit ausübt, die einem Spaß macht und bei der man erfolgreich ist.

Dieser Geisteszustand hat mir geholfen, mein Ziel zu erreichen. Auf den letzten Metern konnte ich meine Arme nicht mehr richtig einsetzen und begann, mich nur noch mit den Füßen fortzubewegen. Ich schwamm bis 5 Minuten vor dem Ende des Rennens, um 14.55 Uhr. In den letzten 24 Stunden war ich 42,2 Kilometer geschwommen und insgesamt 17 Stunden im Wasser gewesen. Was für ein Tag! Es war ein tolles Flow-Erlebnis!

FLOW-ERLEBNIS – WAS GENAU HABE ICH DABEI GEFÜHLT?

Nach Csíkszentmihályi (Mindfulness For Dummies, , Seite 80, Shamash Alidina, 2014) gibt es zehn Faktoren, die die Erfahrung des Flow begleiten. Obwohl viele dieser Komponenten vorhanden sind, ist es nicht notwendig, sie alle zu erleben, um Flow zu erleben:

1. Klare Ziele, die anspruchsvoll, aber erreichbar sind

Anspruchsvolle und realistische Ziele motivieren dich, dein Ziel anzustreben. Wenn dein Ziel zu leicht ist, wird es dich nicht anziehen, wenn es zu schwierig ist, wirst du dich weit entfernt fühlen, aber wenn du deine Fähigkeiten kennst und weißt, welche Schritte du unternehmen musst und kannst, dann bist du nicht aufzuhalten.

2. Starke Konzentration und fokussierte Aufmerksamkeit

Es ist nicht leicht, sich zu fokussieren und die Konzentration aufrechtzuerhalten, vor allem in der heutigen digitalen Welt, in der wir ständig Nachrichten von verschiedenen Quellen wie unseren Uhren, Mobiltelefonen und Laptops zu unterschiedlichen Zeitpunkten erhalten. Je mehr du dich auf etwas konzentrierst, desto mehr kannst du den Moment genießen und dein Potenzial voll ausschöpfen.

3. Tätigkeit ist intrinsisch lohnend

Unsere intrinsische Motivation ist im Vergleich zu externen Belohnungen die stärkste Antriebskraft. Das Gefühl der Erfüllung ist unbezahlbar. Wir spüren intrinsische Belohnungen und positive Emotionen in dem Maße, wie wir Erfolg empfinden.

4. Gefühl der Gelassenheit; Verlust des Gefühls der Selbstbezogenheit

Der Brennpunkt des Augenblicks, in dem man sich seiner selbst bewusst ist und seine innere Tiefe spürt, wie in einem meditativen Zustand.

5. Zeitlosigkeit; ein verzerrtes Zeitempfinden; die Konzentration auf den Augenblick, so dass man die Zeit nicht mehr wahrnimmt

Je mehr du dich auf den Augenblick konzentrierst und deiner Leidenschaft folgst, desto mehr verlierst du das Zeitgefühl. In diesem Moment spielt die Zeit keine Rolle, man fühlt einfach den Moment, genießt, was man tut, und vergisst alles um sich herum.

6. Sofortige Rückmeldung

Besonders im Sport erhält man sofortiges Feedback. Du kannst dich direkt mit deiner vorherigen Leistung und mit der deiner Konkurrenten vergleichen und etwas über deine Leistung lernen.

7. Gewissheit, dass die Aufgabe machbar ist; ein Gleichgewicht zwischen Fähigkeiten und aktuellem Schwierigkeitsgrad

Das Gleichgewicht zwischen einem anspruchsvollen Ziel und der Überzeugung, dass du es mit deinen Fähigkeiten bewältigen kannst, gibt dir mehr Kraft und Motivation, weiterzumachen.

8. Gefühl der persönlichen Kontrolle über die Situation und das Ergebnis

Auch wenn du leidest und manchmal von deiner Situation überwältigt bist, gibt dir dein Glaube an dich selbst und deine eigene Stärke die Möglichkeit, die gegenwärtige schwierige Situation und ihre Folgen zu kontrollieren.

9. Vernachlässigung der körperlichen Bedürfnisse

In anspruchsvollen Situationen wie beim Sport oder im Beruf, wenn du unter Zeitdruck stehst, spürst du die Symptome deines Körpers weniger und gewinnst an Motivation und Adrenalin, um dich auf das Erreichen deines Ziels zu konzentrieren. Du ignorierst teilweise die Symptome, die du zeigst, um deine Leistung zu maximieren.

10. Volle Konzentration auf die Tätigkeit selbst

Wenn du dich klar auf das konzentrierst, was du tust, vergisst du dich selbst und konzentrierst dich auf die Aktivität selbst.

Während meines Schwimmens hatte ich all diese Faktoren unter Kontrolle, sodass ich sagen kann, dass ich ein Flow-Erlebnis hatte. Ich hatte ein klares Ziel, ich war fokussiert und konzentriert. Ich habe mich intrinsisch belohnt gefühlt, niemand hat mich gezwungen, immer längere Strecken zu schwimmen. Es ging nicht darum, Geld zu verdienen oder berühmt zu werden, sondern mir selbst zu beweisen, wozu ich fähig bin, und meine Grenzen zu entdecken, sowohl körperlich als auch geistig. Ich hatte das Gefühl, mein Bewusstsein und mein Zeitgefühl irgendwie verloren zu haben. Ich versuchte, meinen Verstand und meine Gefühle zu kontrollieren und achtete weniger auf die Bedürfnisse und Schmerzen meines Körpers.

Nachdem ich eine heiße Dusche genommen hatte, kam ich zurück und wartete auf die Ergebnisse, die für uns alle eine Überraschung bedeuteten, da niemand die Platzierung kannte.

Die Siegerehrung begann. Ich war sehr nervös und neugierig auf die Ergebnisse. Sie begannen mit den Männern. Der dritte Platz hatte 39, der zweite 42 und der erste 45 Kilometer geschwommen. Dann ging es mit den Frauen weiter. Der dritte Platz war 38 Kilometer, der zweite 41 Kilometer. Und ich war die erste Frau in allen Kategorien mit 42,4 Kilometern. Ich war so glücklich, meine Teamkollegen haben mich umarmt und ich habe meinen Pokal erhalten. Ich war so glücklich, mich selbst zu schlagen, meine eigenen Grenzen zu entdecken und meinen eigenen Rekord zu brechen. Ich war die erste in der Frauenkategorie und die zweite insgesamt, einschließlich der Männer.

Ich spürte, wie sich mein Adrenalinspiegel und meine Glückshormone mit meiner Müdigkeit verbanden. Ich fühlte mich zufrieden und glücklich. Diese Leistung reichte mir. Ich habe nie wieder an das 24-Stunden-Rennen gedacht, es war das letzte für mich. Ich weiß, wo ich an meine Grenzen stoße und gleichzeitig, wo es genug ist. Es gibt keine Grenzen und man kann immer noch weiter gehen, aber diese Herausforderung war genug für mich. Ich bin an meine Grenzen gegangen und habe gesehen, wie weit ich gehen kann. Das hat mich zufriedengestellt und mich noch mehr an mich und meine Kraft glauben lassen. Ich war sehr glücklich über diese Flow-Erfahrung, sie hat mir viel gegeben und ich habe mehr über Belastbarkeit, Geduld, Widerstand und Konzentration gelernt.

Niemals aufgeben, immer mit dem Strom schwimmen, weitermachen, das tun, was dir auf dieser Reise hilft und dich selbst schlagen. Jedes Mal, wenn du dich selbst schlägst, lernst du neue Dinge und entdeckst eine neue Version von dir selbst, es ist fast magisch!

ZUSAMMENFASSUNG:

1. **Überlege, wann der richtige Zeitpunkt zum Aufhören ist. Wenn du etwas erreicht hast, willst du oft mehr.** Du vergleichst dich mit anderen, und natürlich gibt es immer Menschen, die reicher, erfolgreicher, beliebter, schneller oder schöner sind. Für die meisten Menschen ist das Verlangen nach „mehr" oft mit dem Streben nach Glück verbunden. Wir denken, dass wir durch den Besitz von mehr Dingen oder Erfolgen glücklicher sein werden. Wir glauben, dass mehr uns zufriedener macht. Und manchmal denken wir, dass wir für immer glücklich sein werden, wenn wir die Besten sind. Es ist wichtig, deine eigenen Grenzen zu erkennen und dich selbst zu stoppen, wenn du das richtige Maß erreicht hast. Dein Körper, Geist und deine Seele werden dir sagen, wann es Zeit ist aufzuhören.

2. **Das Flow Erlebnis hilft dir dabei, deine Ziele trotz Schmerzen zu erreichen.** Das Flow-Erlebnis kann bei verschiedenen Menschen in verschiedenen Aktivitäten auftreten. Einige erleben Flow beim Sport wie Skifahren, Tennis, Fußball, Schwimmen oder Laufen, so wie in meinem Beispiel. Andere erleben Flow beim Malen oder Zeichnen, bei der Arbeit oder beim Schreiben. Diese Momente des Flow treten in der Regel auf, wenn du eine Tätigkeit ausübst, die dir Freude bereitet und bei der du Erfolg hast.

3. **Gib niemals auf, lass dich immer vom Fluss leiten.**
   Mache weiter, tue, was dir auf dieser Reise hilft, und
   fordere dich selbst heraus. Jedes Mal, wenn du dich
   herausforderst, lernst du etwas Neues und entdeckst
   eine neue Version von dir selbst. Es ist fast magisch!

9

Wie hat das Schwimmen meine Persönlichkeit, mein Leben geprägt?

Schwimmen hat meine Persönlichkeit geformt. Durch mein Leistungsschwimmen habe ich viele neue Dimensionen kennengelernt und mein natürliches Potenzial in Stärken umgewandelt, die mir während meiner gesamten Schulzeit geholfen haben und mir auch heute noch in meinem beruflichen und privaten Leben helfen.

1. Ausdauer:

Zunächst einmal habe ich das Durchhaltevermögen, Dinge auch in Momenten der Ermüdung zu tun. Das gilt sowohl für den Sport als auch für das Geschäftsleben. Das eigentliche Rennen oder das eigentliche Spiel beginnt, wenn man sich müde fühlt. Am Ende des Spiels gewinnt der Stärkere. Es ist völlig normal, dass man müde wird, während man etwas tut; schließlich sind wir alle Menschen. Die Frage ist nur, wie man mit diesem Gefühl umgeht und wie man trotz der Hindernisse an seine Grenzen geht. Ich habe gelernt, Hindernisse zu überwinden, an meine Grenzen zu gehen und meine innere Stärke zu steigern, sowohl körperlich als auch geistig. Egal wie müde man ist, in einem steckt immer Kraft, um auf den letzten Metern des Kampfes noch stärker weiterzumachen.

2. Widerstandsfähigkeit:

Zweitens bin ich widerstandsfähiger geworden, weil ich gelernt habe, nicht nur zu gewinnen, sondern auch zu verlieren und damit umzugehen, wenn ich weniger erfolgreich bin. Ich wurde ein Kämpfer. Ich kämpfte mit meinen Grenzen und versuchte, besser zu werden, ohne aufzugeben. In dem Maße, in dem ich hart arbeitete und besser wurde, gewann ich mehr Selbstvertrauen in allen Bereichen meines Lebens. Kleine Dinge beeinträchtigen mich nicht, weil ich weiß, was Schmerz ist und wie man damit umgeht. Je mehr Schmerz ich fühle und überwinde, desto mehr lerne ich, meinen Geist und meinen Körper zu kontrollieren, und versuche, in jeder Situation eine Chance zu sehen. In dem Maße, in dem ich meinen Geist und meinen Körper kontrolliere, werde ich widerstandsfähig. Meistens geht es nicht um deine früheren Erfahrungen oder deine körperlichen Fähigkeiten. Es geht um dein Gehirn. Deine Gedanken prägen deine Leistung. Dein stärkstes Kapital sind dein Gehirn und deine geistige Gesundheit, die deine Widerstandsfähigkeit bestimmt.

3. Zusammenarbeit – Teamwork:

Drittens: Viele denken, Schwimmen sei eine Individualsportart, aber beim Schwimmen habe ich gelernt, zu kooperieren, zusammenzuarbeiten, einander zu unterstützen, sogar mit meinen Konkurrenten. Selbst bei Individualsportarten ist dein Erfolg das Ergebnis eines gesamten Ökosystems. Ohne dieses Ökosystem kann man nicht erfolgreich sein. Meine Familie, mein Trainer und meine Freunde haben mich bis zum Schluss mental unterstützt. Im Leben braucht man immer Unterstützer, Menschen, die einen herausfordern, und Menschen, die einem Feedback geben. Ohne das Feedback meiner Trainer hätte ich nicht die perfekte Technik für das Schwimmen im Becken und im Freiwasser, ohne den mentalen Schub meiner Mutter hätte ich nicht den Mut gehabt, weiterzumachen, und ohne die Unterstützung meiner Freunde hätte ich nicht das Gefühl gehabt, Teil eines Teams zu sein und zu etwas Größerem zu gehören. Meine Freunde, meine Familie, meine Kollegen, mein Trainer und meine Betreuer trugen zu meinen Erfolgen bei und ich genoss Synergieeffekte: Zum Beispiel schwammen meine Schwimmfreunde mit mir, trieben mich an und auch meine Freunde und meine Familie unterstützten mich mental und psychologisch.

4. Geistige und körperliche Kontrolle:

Das Schwimmen hat mich auch gelehrt, meinen Geist und meinen Körper zu erkennen und zu kontrollieren, und meine äußeren Ressourcen voll zu nutzen, um meinen Erfolg zu maximieren. Ohne seinen Körper und seine Gedankenprozesse zu kennen, kann man nicht erfolgreich sein und andere führen, insbesondere im Geschäftsleben, und man kann seine Stärken und das Potenzial anderer nicht entwickeln. Ich habe meinen Körper und meinen Denkprozess bei jedem Training und jedem harten Rennen kennengelernt. Ich habe gelernt, wie ich meine Effizienz maximieren und externe oder interne Ressourcen nutzen kann. Früher war ich vor jeder Meisterschaft so nervös, dass ich ein paar Tage vor dem Turnier krank wurde. Oft bekam ich sogar Fieber vor einem großen Wettkampf. Ich war geistig so angespannt, dass mein Körper krank wurde. Mit der Zeit habe ich meine Stärken erkannt und weiß jetzt auch, wo ich externe Unterstützung brauche, um meinen Erfolg zu maximieren und mein Potenzial zu entwickeln. Ich werde nicht mehr krank vor einem Rennen und bin in der Lage, meine Nervosität zu kontrollieren und diese Emotionen zu nutzen, um meinen Erfolg zu maximieren und sie in Konzentration, Erfolgswillen und Fokus umzuwandeln.

5. Zeitmanagement und Planung:

Die meisten Leute können immer noch nicht glauben, dass ich meine Schwimmleistung bei Wettkämpfen aufrechterhalten, regelmäßig trainieren und gleichzeitig mein geschäftliches Beratungsunternehmen weiterführen kann. Aber man kann viel erreichen, wenn man das richtige Zeitmanagement hat und die richtigen Prioritäten diszipliniert verfolgt. Zeitmanagement erfordert Disziplin und Effizienz. Ich habe beim Schwimmen gelernt, effizient zu sein, vor allem bei Sprintrennen, ein Zeitgefühl zu haben, bei dem jede Sekunde, ja sogar jede Millisekunde, zählt. Ich weiß, wie wichtig Zeit ist, und ich verteile meine Stunden auf den Tag und die Tage auf die Woche entsprechend meinen Prioritäten. Ich habe gelernt, diszipliniert zu sein und meinen Zeitplan strikt einzuhalten. Es gibt immer Ablenkungen im Leben. Selbst unsere inneren Stimmen lenken uns ab und hindern uns daran, etwas zu tun, weil wir einfach nur dasitzen und nichts tun wollen. An diesem Punkt helfen innere Disziplin und Zeitmanagement, um trotz der Hindernisse voranzukommen. Und natürlich muss man im Leben auch flexibel sein. Ich habe gelernt, mir Puffer- und Regenerationsräume zu schaffen, um mich zu entspannen und weniger unter Druck zu setzen, sei es, indem ich Zeit mit Freunden verbringe oder einfach das Nichtstun genieße.

6. Wachstumsorientierter widerstandsfähiger Geist und Leistungsorientierung

In jeder Trainingseinheit möchte ich besser werden und meine Bestzeit unterbieten. Ich möchte immer bessere Ergebnisse erzielen. Das ist das Hauptziel meines Trainings. Ich möchte meine Technik, mein Denken, meine Zeit und meine Ausdauer verbessern. Das ist der Zweck des Trainings. In erster Linie messe ich mich mit mir selbst und nicht mit anderen. Meine Trainingsbemühungen geben mir eine entwicklungsorientierte Einstellung mit dem Ziel, besser zu werden. Ich weiß, was ich in der Vergangenheit hätte tun können, aber ich weiß nicht, was ich in der Zukunft tun kann. Ich versuche, mich persönlich zu verbessern, meine Grenzen zu überwinden und eine wachstumsorientierte Denkweise an den Tag zu legen, die mir in meinem Berufsleben hilft.

ZUSAMMENFASSUNG:

1. **Sport hilft dir sowohl in deinem Berufs- als auch in deinem Privatleben.**

2. **Durch Sport lernt man neue Dimensionen in seinem Leben kennen.** Aus meiner Erfahrung heraus kann ich sagen, dass er Körper und Geist stärkt und das Potenzial in folgenden Bereichen fördert:

   ▶ Ausdauer und Resilienz

   ▶ Widerstandsfähigkeit

   ▶ Kooperation – Teamarbeit

   ▶ Geistige und körperliche Kontrolle

   ▶ Zeitmanagement und Planung

   ▶ Entwicklungsorientiertes Denken und Erfolgsorientierung

10

Kaltes Wasser– Außerhalb der Komfortzone

KALTES WASSER HAT MEIN LEBEN VERÄNDERT. ES HAT MEINEN KÖRPER UND MEIN GEHIRN VERÄNDERT. ES HALF MIR, MEIN BESTEHENDES MENTALES SYSTEM NEU ZU PROGRAMMIEREN.

Kaltes Wasser war immer außerhalb meiner Komfortzone. Mein Gehirn und mein Körper haben negative Assoziationen mit kaltem Wasser.

Wir haben bewusste oder unbewusste innere Barrieren in unserem Leben, negative Assoziationen, derer wir uns nicht einmal bewusst sind. Vielleicht hat uns etwas in unserer Kindheit beeinflusst. Vielleicht hatten wir ein trauriges Erlebnis oder unsere Eltern haben uns unbewusst Angst vor etwas gemacht. Es ist wichtig, über den Ursprung dieser Hindernisse oder Ängste nachzudenken, uns mit ihnen zu konfrontieren und uns in eine bessere, stärkere Richtung zu lenken, ohne uns von unseren Ängsten oder schlechten Assoziationen beherrschen zu lassen.

WOHER HABE ICH ALSO DIESE NEGATIVEN ASSOZIATIONEN MIT KALTEM WASSER?

Als ich vierzehn Jahre alt war, nahm ich im schönen Marmaris an der Ägäisküste an den nationalen Wettkämpfen im Freiwasserschwimmen über eine Distanz von 10 km teil. Zu dieser Zeit war das Freiwasserschwimmen in der Türkei noch recht neu. Es wurden nur drei Frauen und etwa zehn Männer für die Nationalmannschaft ausgewählt.

Das bedeutete, dass ich, wenn ich die 10 Kilometer schaffte, auch wenn ich die langsamste Frau war, automatisch in die Nationalmannschaft aufgenommen wurde und an internationalen Freiwasserschwimmwettkämpfen teilnehmen konnte. Es war schon immer mein Traum gewesen, Teil einer Nationalmannschaft zu sein und mein Land zu vertreten. Ich war der Verwirklichung meines Traums sehr nahe.

Der Tag des Rennens kam. Es gab eine 2,5 Kilometer lange Strecke und wir mussten vier Runden schwimmen. Die Beobachter, das Sicherheitsteam und die Schwimmer waren bereit. Nach dem Startschuss sprangen wir ins Wasser. Oh mein Gott, ich weiß noch, wie ich das erste Mal das Wasser spürte. Es war buchstäblich eiskalt. Ich konnte einige Sekunden lang nicht atmen. Ich spürte meinen Herzschlag in meinem Gehirn. Ich war schnell und stark. Ich versuchte, mich an das kalte Wasser anzupassen. Mein Körper und mein Gehirn waren überrascht; sie hatten nicht mit so kaltem Wasser gerechnet. Wenn die Wassertemperatur unter 18 Grad Celsius lag, musste man normalerweise Schutzkleidung (Neoprenanzug) tragen. In diesem Moment lag die Wassertemperatur definitiv unter 18 Grad. In der ersten Runde sah ich einige Schwimmer aus dem Wasser kommen, die mit der Kälte nicht zurechtkamen. Ich kontrollierte die Schwimmerinnen, eine war noch im Wasser und vor mir. Sie war mit ihrer Geschwindigkeit und ihren Zügen gut dabei. Ich war gut in Form und ging in die zweite Runde. In der dritten Runde waren nur noch die andere Schwimmerin und ich im Wasser. Ich spürte die Kälte in jeder Zelle meines Körpers. Ich war nicht gut in Form. Ich spürte, dass ich langsam das Bewusstsein verlor. Ich verpasste die Startboje und versuchte, den Weg zurückzufinden. Mein Verstand sagte mir: „Egal, wie schnell du bist oder wie du schlägst, du musst diese 10 Kilometer schwimmen. Beende sie einfach. Wenn du das tust, wirst du in der Nationalmannschaft sein. Mach einfach weiter. Einfach weitermachen, nicht aufgeben. Denk nicht einmal daran, aufzugeben. Die andere Schwimmerin ist noch vor dir. Du liegst hinter ihr, und das ist kein Problem. Egal, wie du dich fühlst, du wirst die 10 Kilometer schaffen. Während ich dies dachte und versuchte, weiterzuschwimmen, kamen die Beobachter auf dem Boot auf mich zu und fragten, ob es mir gut ginge. Ich antwortete ihnen: „Ja„ Mehr konnte ich nicht sagen, denn ich zitterte buchstäblich am ganzen Körper, und meine Zähne klapperten. Ich schwimme weiter und ignoriere ihre nächsten Kommentare, denn je länger ich bleibe, desto mehr spüre ich die Kälte und desto mehr verliere ich die Kontrolle über meinen Körper. Ich schwimme weiter, ohne zu wissen, in welche Richtung ich gehe. Ich schwimme einfach weiter und sage zu mir: „Du darfst nicht aufgeben! Du musst weitermachen!" Nach 10 Minuten kamen das Boot und die Beobachter wieder. Sie hielten mich an und sagten mir, dass ich nicht gut aussähe und dass ich aus dem Wasser steigen müsse. Alle anderen waren bereits ausgestiegen und ich müsste auch aussteigen. Ich war so wütend und so auf mein Ziel fixiert, dass ich ihre Entscheidung nicht akzeptierte und weiterschwamm. Ich weiß nicht mehr, was ich gesagt oder getan habe, ich weiß nur noch, dass ich weiterschwamm. Ich war auf das Ergebnis fixiert. Ich spürte die Reise nicht mehr. Mein Körper, die Symptome, die ich zeigte, und die Kälte waren mir egal. Ich war nur auf das Ergebnis fixiert; ich wusste nicht einmal, ob ich in die richtige Richtung ging.

TUNNELBLICK KANN GEFÄHRLICH SEIN

War ich zu fokussiert oder war es etwas anderes? Oder wollte ich einfach nur nicht versagen? Vielleicht hatte ich in diesem Moment einen Tunnelblick, bei dem die Ränder des Blickfelds verschwinden und nur der zentrale Fokus übrig bleibt, so als würde man durch einen Tunnel gehen. Das ist der Mangel an Perspektive, der entsteht, wenn man sich intensiv auf etwas konzentriert und dabei die Peripherie und die Verantwortlichkeiten vernachlässigt oder den Blick für andere Sichtweisen verschließt. Ich hatte einen solchen Tunnelblick beim Lesen und Arbeiten.

Einige Minuten später kam ein zweites, größeres Boot auf mich zu. Ich warf einen Blick auf die Leute im Boot. Ich hatte Schwierigkeiten zu sehen, weil meine Brille beschlagen war. Sie hielten mich erneut an. Diesmal sah ich den Oberschiedsrichter, der mich in einem ernsten Ton ansprach und mir sagte, dass ich aufhören müsse. Wieder weigerte ich mich und sagte, dass ich weitermachen wolle, aber dieses Mal hatte ich Schwierigkeiten zu sprechen. Mein Geist war verwirrt und mein Körper fühlte sich schwach an. Ich spürte Druck auf meinen Armen. Er zog mich aus dem Wasser. Ich war zweieinhalb Stunden im Wasser gewesen, ohne zu wissen, wie lange. Ich war in einer Art Trance, und das Einzige, was ich sagte, war: „Warum habt ihr mich aufgehalten, ich wollte weiterschwimmen und die 10 Kilometer schaffen!

Ich weiß nicht mehr, was dann geschah. Ich kam im Krankenwagen zu mir, oder war es im Krankenhaus? Ich weiß nur, dass ich die warme Wärmedecke auf meiner nassen Haut spürte und meine Augen öffnete. Eine Krankenschwester fragte mich, wie ich mich fühle. Ich erinnere mich, dass ich sie fragte: „Was ist mit mir passiert?" Sie antwortete: „Sie hatten eine Unterkühlung." Das wollte ich nicht akzeptieren, also fragte ich erneut, was genau mit mir passiert sei. Sie antwortete: „Sie haben das Bewusstsein verloren; Ihre Körpertemperatur ist unter 35,0 °C gefallen." Bei einer leichten Unterkühlung kommt es zu Schüttelfrost und geistiger Verwirrung. Bei einer mittelschweren Unterkühlung hört das Zittern auf und die Verwirrung nimmt zu. Der Oberschiedsrichter sagte, dass ich im Wasser desorientiert war, nicht richtig sprechen konnte und zitterte. Das bedeutete, dass ich mäßig unterkühlt war und dass sie meinen Körper aufwärmen mussten. Ich bedankte mich und schloss wieder die Augen. Ich war zu erschöpft, um etwas zu sagen, und versuchte zu akzeptieren, dass ich die Strecke nicht beenden konnte. Ich konnte nicht glauben, dass ich unterkühlt war und 2,5 Stunden in diesem kalten Wasser geschwommen war. Aber jetzt macht es Sinn. In diesem Moment war ich in einer anderen Welt, und wenn sie mich nicht aus dem Wasser gezogen hätten, wäre ich vielleicht gestorben. Der Hauptschiedsrichter und sein Team hatten mir das Leben gerettet. Zehn Jahre später traf ich ihn beim Arena-Aquamasters-Schwimmcup und wir umarmten uns mit Tränen in den Augen. Wir waren sehr gerührt. Er sagte mir, dass er mir das Leben gerettet hatte, und ich fühlte mich wieder dankbar. Ich war sehr glücklich, ihn nach all den Jahren wiederzusehen.

Sie können verstehen, dass nach diesem Erlebnis kaltes Wasser für mich ein Tabu wurde. In meiner Vorstellung verband ich kaltes Wasser mit Krankheit und dem Verlassen meiner Komfortzone.

WARUM HABE ICH ALSO MIT KALTWASSER- SCHWIMMEN BEGONNEN?

Es war immer mein Traum, im Ärmelkanal zu schwimmen. Aber ich wusste, dass der Ärmelkanal eiskalt ist und dass ich zunehmen und hart und lange trainieren müsste, um mit dem kalten Wasser zurechtzukommen, also machte ich eine Pause von diesem Traum und nahm meine Beratung und mein „normales" Schwimmleben wieder auf.

Zehn Jahre später erzählte mir meine Cousine, die in Datça lebt, wo ich mit dem Freiwasserschwimmen begonnen hatte, dass sie jemanden kennengelernt hatte, der einen Mitschwimmer suchte, um von der griechischen Insel Symi nach Datça zu schwimmen. Natürlich war ich sehr froh, diese Person, Emre Deliveli, zu treffen. Er war Wirtschaftswissenschaftler mit einem Doktortitel der Harvard University und lebte jetzt in Marmaris, wo er das Familienunternehmen leitete. Nachdem wir uns kennengelernt hatten, begannen wir mit der Planung des Schwimmens, das für ihn eine große Herausforderung darstellte, da er erst vor weniger als einem Jahr im Alter von 40 Jahren mit dem Schwimmen begonnen hatte und noch nie zuvor eine Langstrecke geschwommen war. Er wollte seine Grenzen mit einem erfahrenen Schwimmer ausloten. In diesem Fall war das ich.

Es war schwierig, ein Boot zu finden, das uns begleitete. Schließlich organisierte Emre ein Boot, aber der Kapitän weigerte sich, uns am Tag vor dem Schwimmen mitzunehmen. Später gab er zu, dass er uns zunächst für Flüchtlinge gehalten hatte, die nach Griechenland fliehen wollten. Erst als ich ihm meinen deutschen Reisepass zeigte, beruhigte er sich. Wir hatten keine offizielle Genehmigung von den Griechen oder der türkischen Küstenwache. Alles an diesem Schwimmen fühlte sich riskant an, und meine Familie wollte mich davon abhalten, es zu tun. Als wir in griechischen Gewässern schwammen, unterstanden wir der Aufsicht der griechischen Polizei. Wir kannten die genaue Route nicht und wir kannten uns nicht so gut. Dieses Abenteuer hätte dazu führen können, dass mein Schwimmkumpel und ich von der griechischen Küstenwache verhaftet worden wären.

Ich mag Risiken. Mir gefiel der Gedanke, diesen riskanten Weg zu gehen und eine weitere Herausforderung zu meistern.

Diese Art von Erfahrung hat mich schon immer fasziniert. Ich empfinde sowohl Respekt als auch Angst vor dem Unbekannten.

Als der Tag kam, brachen Emre, meine Mutter, der Kapitän und ich frühmorgens auf und fuhren zur griechischen Insel Symi. Da wir keine Genehmigung beantragt hatten, fuhren wir nicht bis zum Hafen, sondern begannen vor der Küste von Symi zu schwimmen. Als wir ins Wasser sprangen, geriet meine Mutter in Panik. Sie hatte Angst, dass uns im Wasser etwas Schlimmes zustoßen könnte. Die Wassertemperatur war normal und es fühlte sich gut an. Der Kapitän versuchte, sich an unsere Geschwindigkeit anzupassen und gab uns Anweisungen, den richtigen Kurs zu halten. Es war aufregend, mitten in der Ägäis zu schwimmen, und als wir nach links und rechts schauten, war da nichts. Wir konnten nur das endlose Meer sehen. Ich habe die Natur förmlich in mir gespürt. Meine Mutter und der Kapitän haben uns motiviert und unseren Zustand überprüft. Nach 13 Kilometern sahen wir den Strand. Es war ein unglaubliches Gefühl, ihn zu sehen und zu wissen, dass wir es geschafft hatten!

Trotz unserer unterschiedlichen Schwimmkenntnisse und Geschwindigkeiten haben wir es geschafft, in Harmonie zu schwimmen, uns gegenseitig im Wasser mental zu unterstützen und die Strecke selbst zu bewältigen. Wir haben diese Schwimmstrecke genutzt, um Geld für die Opfer der Brände in Griechenland zu sammeln, die kurz vor dem Schwimmen Todesopfer und Sachschäden verursacht hatten. Es hat mich glücklich gemacht, die Strecke zu bewältigen, aber auch Menschen in Not zu unterstützen.

Nach dem Schwimmen feierten wir mit Mojitos und diskutierten über zukünftige Schwimmpläne. Ist es nicht das, was wir als Menschen normalerweise tun? Wenn wir unsere Ziele erreicht haben, fällt es unserem Gehirn schwer, sich zu entspannen und den Moment zu genießen, stattdessen fängt es an, an die nächsten Kapitel zu denken.

Ich habe Emre von meinem Traum vom Ärmelkanal erzählt, denn ich wollte schon immer im Ärmelkanal schwimmen. Ich habe großen Respekt vor den Menschen, die das tun. Der Ärmelkanal ist für einen Schwimmer das, was der Everest für einen Bergsteiger ist. Ich wusste, dass ein Solo-Schwimmen, bei dem man die gesamte Strecke alleine schwimmt, ohne ein Begleitboot zu berühren, wegen des kalten Wassers und der begrenzten Zeit, die ich in meinem stressigen Beratungsjob für das Training hatte, schwierig sein würde. Aber ich konnte von einem Team-Schwimmen träumen, bei dem man als Teil eines Teams schwimmt und sich die Strecke aufteilt. Jeder Schwimmer bleibt eine Stunde lang im Wasser, in einer vorher festgelegten Reihenfolge, und jeder geht drei- oder viermal rein, je nach Größe des Teams. Das wäre auch für mich möglich gewesen. Die einzige Herausforderung bestand darin, Mannschaftskameraden zu finden, denen ich vertrauen und mit denen ich diese Reise antreten konnte. Als ich die Person, die vor mir saß, ansah, hatte ich das Gefühl, dass ich zumindest eine Person gefunden hatte.

Ein paar Wochen später kehrte ich nach Deutschland zurück, um meiner normalen Arbeit als Beraterin nachzugehen. Eines Tages nach der Arbeit klingelte mein Telefon. Emre rief mich an, um mir mitzuteilen, dass er die beste Person gefunden hatte, die uns für das Schwimmen im Ärmelkanal trainieren konnte. Jemanden, der den Ärmelkanal schon viele Male durchschwommen hatte und andere, die es tun wollten, zuvor trainiert hatte. Sein Name war Kamil Resa Alsaran – damals wusste ich noch nicht, dass er eine so wichtige Rolle bei meiner Kaltwasserreise spielen würde. Kamil sagte, er könne einen Platz für uns organisieren und zwei Teamkollegen finden. Mit seiner Unterstützung würden wir in diesem Jahr einen Platz für die Veranstaltung bekommen, für die es normalerweise eine zweijährige Warteliste gibt!

Ich war schockiert und erstaunt zugleich. Mein Traum würde wahr werden. Ich würde zwar nicht alleine schwimmen, aber zumindest würde ich an einem Teamschwimmen im eiskalten Wasser des Ärmelkanals teilnehmen und trotzdem meine Grenzen mit einem Team in einer einzigartigen und natürlichen Umgebung testen können, was mir ein besseres Gefühl geben würde.

Wir begannen mit der Planung des Termins und sprachen mit potenziellen Teammitgliedern. Ich durfte die Bedeutung der Teammitglieder nicht unterschätzen. Man zahlt eine Menge Geld für das Schwimmen, man organisiert alles, aber wenn ein Teammitglied während des Schwimmens ausfällt, kann das ganze Schwimmen ausfallen. Das bedeutet, dass Vertrauen, Zusammenarbeit, Transparenz, gleiche Vorbereitung und Training der Schlüssel sind.

Ich hatte das Gefühl, dass es der richtige Zeitpunkt war, dieses Teamschwimmen zu planen. Ich hatte das Gefühl, dass ich zumindest den richtigen Schwimmpartner gefunden hatte, um mehr zu planen. Neben den organisatorischen und finanziellen Fragen wartete der wichtigste Teil auf uns. Die Gewöhnung an das kalte Wasser, unsere neue Komfortzone!

EINTAUCHEN IN KALTES WASSER – AUSSERHALB UNSERER KOMFORTZONE

Schwimmen in kaltem Wasser ist für jeden von uns eine große Herausforderung. Für kaltes Wasser gibt es unterschiedliche Definitionen. Die meisten Organisationen definieren kaltes Wasser als unter 17 Grad Celsius. Den meisten Menschen wird jedoch schon ab 21 Grad Celsius kalt. Die durchschnittliche Temperatur in einem Schwimmbad liegt bei 27 Grad. Bei weniger als 17 Grad kann man sich vorstellen, wie sich das Wasser anfühlen wird. Unser Körper ist nicht an Kälte gewöhnt. Wenn wir Kälte empfinden, reagiert unser Körper auf verschiedene Weise. Durch einen Prozess, der Vasokonstriktion genannt wird, verengen sich die Blutgefäße, wodurch das Blut aus den Händen und Füßen abgezogen und in der Nähe des Nabels gehalten wird. Und man beginnt zu zittern, was bedeutet, dass einige Muskeln zu zittern beginnen, um Wärme zu produzieren. Das Frösteln löst aber auch die Ausschüttung eines Hormons namens Irisin aus, das eine weniger bekannte Kältereaktion auslöst: die Aktivierung und Ablagerung von braunem Fett.

DIE ROLLE DES BRAUNEN FETTES IM KALTEN WASSER:

Das braune Fett, das uns vor Kälte schützt, ist bei Erwachsenen normalerweise nicht vorhanden. Wir haben diese braunen Fettzellen nur als Säuglinge. Braunes Fett unterscheidet sich von dem weißen Fett, an das wir denken, wenn wir über Diät oder Gewichtsabnahme sprechen. Weißes Fett bedeckt unsere Haut und Muskeln und puffert unsere Organe und Knochen. Braunes Fett tritt jedoch nur in bestimmten Bereichen um den Hals, die Wirbelsäule, die Aorta und die Nieren auf. Es sammelt sich in Klumpen um die Hauptblutgefäße und erwärmt das Blut, während es durch den Körper fließt. „Wenn die Gefäßverengung das Fenster schließt, ist das braune Fett die Heizung", sagt Yossi Rathner, Physiologe an der Universität von Melbourne.

Aber die Wirkung hält nur so lange an, wie wir sie brauchen. Wenn die Temperatur steigt, verschwindet das braune Fett. „Braunes Fett schmilzt, wenn wir nicht der Kälte ausgesetzt sind", sagt die Physiologin Barbara Cannon von der Universität Stockholm. „Es kann sein, dass ein paar Stammzellen in dem Bereich übrig bleiben, die sich später regenerieren, aber es verschwindet fast vollständig", sagt Cannon.

Selbst ein einmonatiger Urlaub in den Tropen reicht aus, um die braunen Fettreserven zu verbrauchen, und Celi merkt an, dass dies bei der Rückkehr in ein kaltes Klima zu einem Gefühl der „zusätzlichen Kälte" führen kann.

Man kann sagen, dass das braune Fett der heimliche Held des Winters ist: Es erscheint, wenn wir es am meisten brauchen, und verschwindet, wenn es aufgebraucht ist. Daher ist ein kontinuierliches Kaltwassertraining für den Körper der Schlüssel, um das braune Fett im Körper zu halten und das interne Heizsystem zu mobilisieren.

In diesem Kapitel erzähle ich von meiner Reise, wie ich mich an kaltes Wasser gewöhnt habe, wie ich mich gefühlt habe und wie ich zehn Monate lang Tag für Tag, Monat für Monat gearbeitet habe, um meinen Körper und meinen Geist zu verändern.

AUSSERHALB DER KOMFORTZONE
TAG 1 – 10. NOVEMBER 2018

Ich habe kaltes Wasser immer gehasst und heiße Duschen und heißes Wasser in Spas genossen. Sprich ich war eine typische Warmduscherin. Was gibt es Schöneres, als die Hitze im Körper zu spüren und einfach zu entspannen? Aber es war an der Zeit, meine inneren Barrieren und Ängste zu überwinden und kaltes Wasser zu lieben. Konnte ich kaltes Wasser wirklich lieben? Ich wusste es ehrlich gesagt nicht. Ich wusste, dass es eine Herausforderung für mich sein würde. Es war außerhalb meiner Komfortzone. Im Ärmelkanal würde die Wassertemperatur etwa 15, 16 Grad Celsius betragen. Das war eiskalt für mich.

Mein Schwimmpartner, guter Freund und Motivator Emre kam Ende Oktober aus der Türkei nach Deutschland, und wir fuhren gemeinsam zum Raunheimer Waldsee, in dem ich schon viele Male geschwommen war, allerdings nur im Sommer. Der Baggersee in Raunheim ist von Wald umgeben, was ihn besonders schön macht. Im Sommer kann man den See über einen breiten Sandstrand betreten. Für mehr Action auf dem

Wasser gibt es auch eine Wasserskianlage. In Raunheim ist immer etwas los und ein Besuch lohnt sich. Der Strand ist von Mitte Mai bis Mitte September geöffnet. Im Oktober ist der See geschlossen und das Baden ist natürlich verboten. Was haben wir also gemacht? Wir sind trotzdem ins Wasser gegangen und haben dem Team vor Ort unsere Situation erklärt. 40 Minuten lang sind wir in 14,9 Grad kaltem Wasser geschwommen! Es war das erste Mal, dass ich in so kaltem Wasser geschwommen bin. Emre hat mich mit seiner Anwesenheit motiviert, und ich dachte, ich sollte mit ihm schwimmen, weil er extra aus der Türkei angereist war. Es ist sehr wichtig, im Leben aneinander zu glauben und sich gegenseitig zu motivieren. Im Leben gibt es Sportkameraden, mit denen man die Reise teilen kann. Und was ist am Ende passiert? Wir sind noch am Leben und gesund. Natürlich haben wir 30 Minuten lang gezittert (nach einem eiskalten Schwimmtraining ist das ganz normal), aber am Ende fühlten wir uns stolz und lebendig!

AUSSERHALB DER KOMFORTZONE
TAG 2 – 11. NOVEMBER 2018

Ein weiterer Tag des Kaltwasserschwimmens. Im selben See schwamm ich 33 Minuten lang in 13 Grad kaltem Wasser. Es wurde von Tag zu Tag kälter. Mein Geist war konzentriert und ich versuchte, meine Atmung zu kontrollieren, bevor ich ins Wasser ging. Mein Körper schmerzte; es war hart. Am Anfang konnte ich nicht atmen, aber ich freute mich, es wieder zu tun. Nach der ersten Erfahrung war es leichter, mich zu konzentrieren und ins Wasser zu gehen. Ich spürte, dass die Wirkung meiner inneren Barrieren nachgelassen hatte und mein Selbstvertrauen größer war als beim ersten Mal. Ist es nicht genau wie im Leben? Wir haben immer irgendwelche Ängste und Hindernisse, aber die Kunst besteht darin, sie zu überwinden. Ich war froh, meine erste Erfahrung gemacht zu haben. Glaube an dich selbst, stell dich deinen Ängsten und geh Schritt für Schritt ein Stückchen weiter. Auch wenn es schwierig ist, auch wenn du das Gefühl hast, dass du schlecht bist oder nicht stark genug. Es ist an der Zeit, deine Grenzen zu erweitern und dein Potenzial zu entdecken!

WIR SIND STÄRKER ALS WIR DENKEN!
TAG 3 – 14. NOVEMBER 2018

Am 14. November war ich zum dritten Mal schwimmen. Das Wasser wurde von Tag zu Tag kälter und jedes Mal, wenn ich in den See ging, war es eine neue Herausforderung und ein neues Gefühl der Kälte. Der Winter hatte Einzug gehalten. Es gab keine Sonne und es war ein windiger Tag. Jedes Mal wurde es schwieriger, in das eiskalte Wasser zu gehen. Ich war nervös und hatte sogar ein wenig Angst. Eine neue Erfahrung bedeutete eine neue Version der Herausforderung und eine neue Version von mir selbst. Ich begann, Videos über Kaltwassertraining zu recherchieren. Ich fand die Wim-Hof-Atemtechnik, um meinen Körper besser kontrollieren zu können und mehr Selbstvertrauen zu gewinnen. Ich meditierte, um mich besser zu konzentrieren und mich mental auf das kalte Wasser vorzubereiten. Ich bereitete mich geistig und körperlich mit den Atemtechniken vor. Als ich dort ankam und die Wassertemperatur maß, dachte ich: „Oh mein Gott, kann ich das wirklich tun?" Die Wassertemperatur betrug 12,5 Grad. Wäre das nicht zu riskant

für mein Herz und meinen Körper? Aber dann sagte ich mir:
„Ich bin stark, und ich habe meinen Körper und meinen Geist
unter Kontrolle. Ich atmete tief ein und ging ins Wasser. Ich
spürte den Schmerz zuerst in meinen Füßen, dann in meinem
Kopf, als ich ganz untergetaucht war, und es war, als stünde
mein Körper in Flammen. Jede Zelle meines Körpers stand in
Flammen. Ich versuchte, diese positive Phrase zu verwenden:
„Das Wasser ist kalt und du spürst diese Kälte. Liebe es und
schwimme mit kontrollierter Atmung weiter. Ein Atemzug alle
drei Züge: einer links, einer rechts. Zuerst waren meine Augen
geschlossen, aber ich zwang mich, sie zu öffnen, um meinen
Mitschwimmern zu folgen, die Natur hinter mir zu beobachten,
zu versuchen, wach zu bleiben und die Kälte zu kontrollieren
und mit positiven Gefühlen zu bewältigen. Nach 1 km wollte
ich aufhören zu schwimmen. Ich spürte, wie ich langsamer
wurde; mein Körper versuchte, sich aufzuwärmen und zu
kämpfen. Ich schwamm weitere 500 Meter. Ich fühlte mich sehr
lebendig und glücklich. Gleichzeitig fühlte ich mich entspannt.
Ich hatte wieder einmal meine inneren Hindernisse und Ängste
überwunden und konnte die Endorphine auch dann noch spüren,
als ich in meinem Wohnzimmer saß und an meinem heißen Tee
nippte. Wir Menschen sind stärker als wir denken. Fast alles
beginnt in unseren Köpfen. Unsere inneren Überzeugungen und
Gedanken werden von der Außenwelt geprägt. Wir werden oft
von äußeren Faktoren beeinflusst. Viele Leute sagten mir: „Bist
du verrückt? Das ist gefährlich, tu es nicht!" Aber warum sollte
ich es nicht tun? Es ist immer eine Herausforderung, seiner
Leidenschaft zu folgen und seinen eigenen Weg zu gehen, ohne
trotz der Meinung anderer das Gleichgewicht zu verlieren.
Es gibt ein gutes Sprichwort: „Ich habe keine Angst vor dem

Sterben, aber davor, nicht bis zum Ende zu leben" (Wim Hof).
Folge deiner Leidenschaft! Du bist stärker als du denkst!"

AUSSERHALB DER KOMFORTZONE
TAG 4 – 20. NOVEMBER 2018

Es wurde immer kälter und kälter, es war Winter und heute
war es windig. Die Temperatur betrug 4 Grad, aber die Sonne
schien. Ich musste wieder an den See gehen, um das kalte
Wasser zu spüren, mein Körper wollte wieder aus seiner
Komfortzone heraus und eine neue Erfahrung machen. Jedes
Mal, wenn ich ins Wasser ging, war es eine neue Temperatur
und damit ein neues Gefühl und eine neue Version von mir, die
mit einer neuen Herausforderung zu tun hatte. Ich rief meinen
Freund Torsten an, einen deutschen Freiwasserschwimmer, der
mit mir im Neoprenanzug schwamm. Es war kalt, selbst mit
Jacke. Aber ich wollte das Schwimmen ohne Neoprenanzug
ausprobieren. Ein paar Leute an der Wasserskianlage und
der Trainer erklärten uns für offiziell verrückt. Wir haben
die Wassertemperatur gemessen; sie war 10 Grad, 2,5 Grad
niedriger als beim letzten Mal. Bei diesen Temperaturen kann
man sogar einen Unterschied von 0,5 Grad spüren. Ich dachte:
„Oh mein Gott, wie soll ich das nur schaffen?" Ich begann mich
zu konzentrieren und ging Schritt für Schritt auf das Wasser zu.
Als ich das Wasser berührte, war es wirklich eiskalt. Mir gingen
viele Gedanken und Ängste durch den Kopf, und ich versuchte,
sie zu kontrollieren, indem ich immer tiefer einatmete. Jedes
Mal, wenn ich tiefer einatmete, spürte ich das kalte Wasser
zuerst an meinen Füßen, dann an meinen Knien, dann an
meinem Bauch und an meinen Händen, Armen, Schultern und

im Gesicht. Es war schwierig, in dem kalten Wasser zu atmen. Mein Körper war einer Extremsituation ausgesetzt, und ich blieb ruhig und atmete ein und aus. Schließlich schaffte ich es, etwa 10 Minuten zu schwimmen … Es war unglaublich. Als ich aus dem Wasser kam, war ich sehr glücklich, diese Erfahrung gemacht zu haben. Ich fühlte mich sehr lebendig und hatte mir selbst bewiesen, dass die meisten Hindernisse nur in meinem Kopf sind.

Wir haben die Fähigkeit, unseren Geist und unseren Körper so zu kontrollieren, dass unsere Seele glücklich wird.

TRÄUME – GLAUBE – ERREICHE! ERSTE ERFAHRUNG IM EISSCHWIMMEN, 20. JANUAR 2019

Ich hatte meine erste Eisschwimm-Erfahrung in einem Neoprenanzug! Es war eine wunderbare und herausfordernde Erfahrung. Es war definitiv außerhalb meiner Komfortzone. Es war kalt draußen, etwa -1 Grad, und ich beschloss, mit Torsten und Tarik, dem Schwimmtrainer des Hilton Hotels in Frankfurt, wo ich immer schwimme, zum See zu gehen. Die Wassertemperatur betrug etwa 4 Grad. Viele Leute rieten mir davon ab. Aber auch wenn ich Angst hatte, sagte mir meine innere Stimme, was ich tun wollte. Meine Angst hat mich sogar dazu motiviert, es zu tun. Was für ein interessanter Geisteszustand, nicht wahr? Vor zwei Wochen konnte ich es mir nicht einmal vorstellen, vor zwei Tagen fragte ich mich, ob ich es versuchen sollte. Und heute war es so weit. Aber es ist immer wichtig, seine Grenzen zu kennen und es Schritt für Schritt anzugehen. Ich habe mich gefreut, dass ich es geschafft habe, und ich habe Respekt vor den anderen Schwimmern auf der Welt, die es ohne Neoprenanzug geschafft haben.

VERTRAUE DIR SELBST UND HABE ERFOLG!

Erweiterte innere Grenze: Cold Water Training Camp Usedom, Deutschland

Kristin, eine meiner besten Freundinnen, lebt auf Usedom. Wir haben zusammen an der Ruhr-Universität Bochum studiert und unseren Master in Wirtschaftspsychologie gemacht. Zurzeit arbeitet sie als Psychologin in einer Klinik. Ich nutze jede Gelegenheit, sie zu besuchen, wenn sie im usedomer Meer schwimmt, denn sie hat ein Haus nur 200 Meter vom Strand entfernt. Usedom ist eine Ostseeinsel, die seit 1945 zwischen Deutschland und Polen aufgeteilt ist. Sie ist der sonnenreichste Teil Deutschlands. Zwar schien an dem Tag die Sonne, aber die Wassertemperatur betrug trotzdem nur etwa 7 Grad. Für mich war das die beste Voraussetzung, um wieder aus meiner Komfortzone herauszukommen und zu versuchen, die Dauer meines Kaltwasserschwimmens zu verlängern. Die Zeit, in der ich im kalten Wasser trainierte, wurde immer länger. Es war großartig, meine Fortschritte zu sehen.

Tag 1, 23. November 2019: Ich begann früh am Morgen mit dem Laufen und ging dann direkt ins Wasser. Das war eine echte Herausforderung. Ich war verschwitzt von der Sonne und mein Körper war heiß. Ich spürte den Temperaturunterschied stärker als sonst. Nach 6 Minuten spürte ich meine Beine und meinen Rücken nicht mehr. Ich stieg aus dem Wasser. Zum ersten Mal war ich ganz allein, ohne Motivation oder Unterstützung von außen. Es war ein echtes mentales Ausdauertraining, aber ich spürte mein Limit und stieg zur richtigen Zeit aus. Ich hatte Angst, weil ich meine Beine nicht spürte. Mein Körper war völlig durchgeschwitzt, aber danach fühlte ich mich völlig energiegeladen und zufrieden.

Tag 2, 24. November 2019: Am Morgen bin ich zur polnischen Seite der Insel gelaufen. Die Strecke war etwa 8 Kilometer lang. Dafür habe ich etwa 60 Minuten gebraucht. Nach dem Lauf habe ich gemeinsam mit Kristin und ihrem Mann Mike gefrühstückt. Es ist immer ein tolles Gefühl, nach einem intensiven Training zu essen. Vor allem nach einem Bad im kalten Wasser habe ich alles gegessen, was ich finden konnte, und mich etwas ausgeruht. Ich habe am ersten Tag gelernt, dass es nicht gut ist, mit verschwitztem Körper und hoher Körpertemperatur in kaltem Wasser zu schwimmen. Mittags ging ich an den Strand, diesmal mit Kristin. Sie motivierte mich und sagte: „Stell dir vor, die Sonne wärmt deinen Körper und es ist mitten im Sommer." Sie ist auch Psychologin und versuchte, mir mentale Ratschläge zu geben. Als ich im Wasser war, habe ich vergessen, über all diese Ratschläge nachzudenken. Ich konzentrierte mich nur auf das Schwimmen und schob andere Dinge beiseite. Ich sah sie als mentalen Anker und Sicherheitsunterstützung draußen. Nach 10 Minuten gab sie mir ein Zeichen. Ich wollte meinen eigenen Rekord brechen und mindestens 11 Minuten in diesem kalten Wasser, das unter 8 Grad Celsius war, schwimmen. Am Ende blieb ich 14 Minuten im Wasser. Es fühlte sich großartig an und ich war glücklich. Je härter ich schwamm, desto glücklicher fühlte ich mich.

Schmerz bedeutet Entwicklung.

Auf den Schmerz folgen magische Momente des Wachstums, die man genießen muss. Kein Schmerz, kein Gewinn.

WINTERCAMP IN DER TÜRKEI, JANUAR 2020

Nach Deutschland bin ich über Weihnachten in die Türkei gereist und habe mit meinem Schwimmkumpel Emre an einem Schwimmcamp teilgenommen.

Tag 1: Marmaris, Ägäisches Meer, Wassertemperatur 14 Grad

Wir sind 45 Minuten ohne Neoprenanzug geschwommen. Das war wirklich eine Herausforderung. Wir dachten, die Wassertemperatur läge bei 17-18 Grad, aber wir waren schockiert, als wir sahen, dass sie 14 Grad betrug, was für diese Region zu dieser Jahreszeit nicht normal war. Wir haben uns gegenseitig motiviert und sind in diesem eiskalten Wasser geschwommen. Danach brauchte ich etwa eine halbe Stunde, um wieder auf die Beine zu kommen. Ich fing wieder an zu zittern. Nach dem Schwimmen in so kaltem Wasser ist es wichtig, dass man nicht sofort heiß duscht. Die Venen in unserem Körper ziehen sich bei Kälte zusammen und weiten sich bei Wärme. Es wird nicht empfohlen, unmittelbar nach dem Schwimmen in kaltem Wasser heiß zu duschen, da die plötzliche Erweiterung der Venen zu Ohnmacht führen kann. Ich konnte es nicht abwarten und habe eine halbe Stunde lang heiß geduscht.

Tag 2: Selimiye, Ägäisches Meer, Wassertemperatur 17 Grad

Nach dem ersten Tag fühlten sich mein Körper und mein Geist extrem müde an. Das Schwimmen im kalten Wasser war anstrengend für meinen Körper. Wenn dein Körper nicht an diese Art von kaltem Wasser gewöhnt ist, kann es eine echte Belastung sein. Zuerst gingen wir nach Selimiye, um etwas zu essen, es war kalt und regnerisch. Es war schwer, sich wieder zum Schwimmen zu motivieren. Das Wasser fühlte sich kalt an und mein Körper und mein Geist waren erschöpft. Trotz der negativen Gedanken zwang ich mich, ins Wasser zu gehen.

Nach 15 Minuten Schwimmen wollte ich mich ans Feuer setzen, etwas Leckeres essen und etwas Heißes trinken. Ich fragte Emre nach der Zeit, und er sagte mit zitternder Stimme: „15 Minuten." Ich dachte, das sei ein Witz, nur 15 Minuten, und ich fror schon. Normalerweise mag ich Wellen, aber dieses Mal fühlte es sich hart und anstrengend an. Ich versuchte, mich anzustrengen und die schönen Berge von Selimiye zu beobachten, während ich alle drei Züge von rechts und links atmete. Schließlich waren wir 60 Minuten im Wasser. Danach fühlte ich mich völlig erschöpft. Andererseits war ich stolz auf mich. Trotz all der negativen Gedanken hatte ich es geschafft, mich zu beherrschen und eine Stunde lang zu schwimmen. Das zeigte mir, dass ich mehr konnte, als ich in meinem Kopf dachte.

Manchmal spielt unser Verstand uns einen Streich und sucht nach Bequemlichkeit. Er möchte in einem Raum sein, in dem alles vorhersehbar, einfach zu bedienen und weniger kompliziert ist. Aber wenn man sich selbst anspornt und einen Schritt weiter geht, dann geschehen außergewöhnliche Dinge und man beginnt, mehr als je zuvor an sich selbst zu glauben. Man geht in seiner inneren Welt auf die nächste Stufe. Das Gefühl, aus der eigenen Komfortzone herauszukommen, gibt dir mehr Kraft und Selbstvertrauen. Nicht nur im Wasser, sondern auch in deinem beruflichen und privaten Leben. Nach dem Kaltwasserschwimmen fühlte ich mich in meinem anspruchsvollen Beratungsalltag viel entspannter. Ich spürte, wie mein Stresspegel sank und ich mich auch in schwierigen Zeiten schnell beruhigen konnte, indem ich tief durchatmete und mit mehr Zuversicht meine lösungsorientierte Denkweise mobilisierte.

Tag 3: Datça, Ägäisches Meer, Wassertemperatur 17 Grad
Am 3. Tag schwammen wir 70 Minuten in meinem Lieblingsort Datça. Das Wasser war wie immer großartig und wir schwammen von einer Insel zur anderen. Diese Inseln, Adaburnu und Tuz, sind meine Lieblingsinseln in Datça. Hier schwimme ich normalerweise immer allein und meditiere. Nur die Natur, das Rauschen der Wellen, die Vögel und ich. Wenn ich dort schwimme, fühle ich mich frei, bin ein Teil der Natur und vergesse alles um mich herum. Diesmal war es anders, denn ich schwamm diese Strecke zum ersten Mal im Winter und mein Körper war müde und empfindlicher gegen die Kälte. Aber diese Herausforderung mit Emre zu teilen, hat mich motiviert und mir die Kraft gegeben, nicht aufzugeben und mindestens 60 Minuten zu schwimmen. Aber es war nicht einfach. Ich habe immer wieder versucht, mich zu motivieren, mit mir selbst zu reden und meinen Wunsch zu bekräftigen, im Wasser zu bleiben. Denk daran: Wenn du das Gefühl hast, mit etwas aufhören zu wollen, ist das genau der Moment, in dem du dich selbst davon überzeugen musst, weiterzumachen. Aktiviere und entwickle

dein geistiges und körperliches Durchhaltevermögen. Es geht darum, trotz Hindernissen und Schmerzen durchzuhalten.

6 MINUTEN IN 6 GRAD WARMEM WASSER IN DEN NIEDERLANDEN - NORDWJIK EN ZEE

Am 18. Februar 2019 unternahm ich eine Geschäftsreise in die Niederlande, wo wir unmittelbar nach meiner Beförderung zur Führungskraft unser neues Fortbildungsprogramm durchführten. Ich reiste zusammen mit meiner Kollegin Vivian Aschke dorthin. Wir trafen uns zwei Tage vor der Konferenz, um einen Kurzurlaub in Amsterdam zu verbringen. Wir hatten in den letzten zwei Jahren gemeinsam an Projekten gearbeitet, und es war ein großartiges Gefühl, gemeinsam zu dieser Konferenz für Führungskräfte zu fahren, um unseren beruflichen Aufstieg zu feiern. Ich habe es sehr genossen, meine Freunde für meine Kaltwassererfahrung um mich zu haben, und dank der Unterstützung der verschiedenen Menschen in meinem Leben war ich in der Lage, weiterhin im kalten Nass zu schwimmen, wo immer ich auch war. Ich überredete Vivian, an die Küste von Noordwijk zu fahren, einer Stadt in der Provinz Südholland, im Westen der Niederlande.

Es war ein windiger und kalter Tag. Menschen in warmer Kleidung, mit Handschuhen und Mützen liefen am Strand entlang. Als sie mich in meinem Badeanzug sahen, dachten sie wahrscheinlich: „Die muss verrückt sein." Vielleicht war ich das auch! Das habe ich nicht zum ersten Mal gehört, aber wen interessiert das schon! Ich liebe es, meine Grenzen auszutesten, aus meiner Komfortzone herauszutreten, und mit jedem Sprung ins kalte Wasser fühle ich mich stärker als zuvor. Dank Vivian, die mich unterstützt und am Strand mit einem trockenen Handtuch auf mich gewartet hat. Es war so schön, diese Reise mit meinen Freunden und Kollegen zu teilen und die echte Unterstützung von allen zu spüren. Ich bin all meinen Freunden sehr dankbar, die mich überall auf der Welt unterstützt und diese Reise mit mir geteilt haben.

ICH DANKE IMMER WIEDER ALL DEN MENSCHEN IN MEINEM LEBEN, MIT DENEN ICH DIESE KALTWASSERTAUCHGÄNGE ERLEBEN DURFTE!

5 Minuten in 3 Grad kaltem Wasser in Berlin

Im Februar 2019 war ich für eine weitere Geschäftsreise in Berlin. Während der Woche leitete ich ein SAP-Change-Management-Projekt zur digitalen Transformation, bei dem ich den Kunden dabei unterstützte, seine Mitarbeiter zu motivieren und zu entwickeln, um zukünftige strukturelle Veränderungen zu bewältigen. Ich nutzte diese geschäftliche Gelegenheit, um für ein Wochenende in Berlin zu bleiben. Trotz meines müden Körpers und der anstrengenden Woche wollte ich mich wieder herausfordern und länger im Wasser bleiben als bei meinen vorherigen Schwimmen. Meine Freunde Marcel und Anne in Berlin motivierten mich und nahmen mich zu einem schönen See mit, in dem ich schwimmen konnte. Der See hieß Grunewaldsee, was wörtlich übersetzt „grüner Waldsee" bedeutet, und liegt im Grunewald im Bezirk Charlottenburg-Wilmersdorf, westlich von Berlin. Meine Freunde warteten am Ufer mit einem trockenen Handtuch auf mich. Als ich das Wasser berührte, fühlte es sich sehr kalt an. Ich versuchte, meinen Geist und meine Atmung zu kontrollieren. Es war schwer, Schritt für

Schritt ins Wasser zu gehen. Ich hatte das Gefühl, es nicht zu schaffen, und wollte zu meinen Freunden zurückkehren, aber meine innere Stimme sagte: „Komm schon, du bist fast drin, tu es." Ich hatte Angst, dass etwas Schlimmes passieren würde, dass mein Herz stehen bleiben könnte. Ich brauchte eine Minute, um mich an die Kälte zu gewöhnen, aber danach fühlte ich mich so gut, dass ich noch 4 Minuten im Wasser bleiben konnte. Ich fühlte mich sehr stark und glücklich. Viele Dinge beginnen und enden in unseren Köpfen. Meine Freunde reichten mir ein Handtuch, als ich aus dem Wasser kam, und ich fühlte mich sehr glücklich und froh, von einer unterstützenden Atmosphäre umgeben zu sein, die mich mehr wärmte als das Handtuch. Nach dem Schwimmen liefen wir zehn Minuten zurück zum Auto, und ich konzentrierte mich aktiv darauf, nicht zu frösteln, indem ich tief durchatmete und versuchte, mein inneres Feuer zu mobilisieren. Wenn das Frösteln einsetzt, kann man es nicht kontrollieren, und es dauert mindestens 30 Minuten, bis es sich wieder normalisiert. Aber das Atmen und die Konzentration haben mir geholfen, das Frösteln nach diesen Schwimmen zu kontrollieren.

EISBACH 3 MINUTEN BEI 3 GRAD IM BIKINI, MÜNCHEN, 3. FEBRUAR 2020

Ich war wieder einmal geschäftlich in München. Die Munich Business School hatte meine Kollegen und mich als Gastdozenten eingeladen; ich hielt regelmäßig Vorlesungen über Change Management, Talent Management und die Zukunft der Arbeit. Eine meiner besten Freundinnen, Theresa Herbig, die ich im Fitnessstudio in Stuttgart kennengelernt hatte, war für einen neuen und wunderbaren Karriereweg nach München gezogen. Jedes Mal, wenn ich dorthin fahre, versuchen wir, uns zu sehen. Theresa ist auch jemand, der gerne neue Dinge im Leben ausprobiert und die Welt und sich selbst entdeckt.

Ich kam mit einer verrückten Idee zu ihr, die ich schon oft von meinen Freunden beim Eisschwimmen gehört hatte. Für mich war es unglaublich, ohne Neoprenanzug zu schwimmen. Ich wollte das Wochenende dort verbringen und im Eisbach schwimmen. Der Eisbach ist ein kleiner, zwei Kilometer langer, künstlich angelegter Fluss in München. Er fließt durch den Park des Englischen Gartens und ist ein Nebenfluss der Isar. In einem Abschnitt wurde eine künstliche Welle angelegt. Eigentlich ist das Schwimmen im Eisbach nicht erlaubt, aber da die Regel nicht streng durchgesetzt wird, kann man vor allem an heißen Sommertagen Schwimmer sehen.

An diesem Wochenende habe ich auch Theresa motiviert, ins eiskalte Wasser zu gehen. Sie war verrückter als ich und sagte, sie würde ihren Bikini tragen. Ich nahm diese zusätzliche Herausforderung an und unser Freund und ehemaliger Kollege Andreas kam mit, um uns zu beobachten, zu beschützen und mit Handtüchern zu warten. Bei dieser Art des Schwimmens ist es immer wichtig, jemanden am Ufer zu haben, der beobachtet. Die Luft- und Wassertemperatur betrug 3 Grad Celsius und ich war 3 Minuten im Wasser. Zuerst hielten wir unsere Füße kurz ins Wasser. Ich spürte ein Kribbeln in den Füßen und es war wirklich schmerzhaft. Als mein ganzer Körper im Wasser war, fühlte es sich an, als wären überall Nadeln in meinem Körper. Mein Herzschlag beschleunigte sich und ich konnte einige Sekunden lang nicht atmen. Ich versuchte, zwei Minuten lang zu schwimmen. Es war ein intensives Gefühl. Mein Körper und mein Geist wurden von der Kälte überwältigt. Die Reaktion meines Körpers erschreckte mich. Diese Symptome waren neu für mich, und deshalb war es schwierig zu entscheiden, wann ich aufhören sollte, ins kalte Wasser zu springen. Der richtige Zeitpunkt ist entscheidend. Aber ich denke, dass jeder mit einem so kleinen Schritt seine eigenen Grenzen entdecken, über sie hinausgehen und sich sowohl körperlich als auch geistig weiterentwickeln kann. Ich war wieder einmal dankbar für die Freundschaft und Unterstützung auf dieser Reise. Es ist schwierig, solche Aktivitäten allein zu unternehmen.

DIE REISE MIT FREUNDEN UND FAMILIE ZU TEILEN, IST DAS BESTE.
10 MINUTEN EISBAD-ERLEBNIS IN FRANKFURT

Je außergewöhnlicher deine Ziele in deinem Leben sind, desto mehr bist du auf deiner Reise allein.
Diese Art von Reise ist nicht einfach, weil man die meiste Zeit allein ist. Die meisten Menschen hassen kaltes Wasser und trainieren nicht für solche Ziele, und es ist schwierig, Unterstützung von Freunden zu bekommen.

Je außergewöhnlicher deine Ziele in deinem Leben sind, desto einsamer wirst du auf deinem Weg sein. Natürlich gibt es Menschen, die dich unterstützen, aber es ist schwieriger, einen Freund zu finden, der jederzeit und überall mit dir arbeiten oder trainieren würde. Vor allem, wenn man wie ich viel reist. Ich hatte nicht immer die Möglichkeit, an einen See zu fahren. Da ich immer vorsichtig war und nie allein im kalten Wasser schwamm, war es nicht immer einfach, andere „Verrückte" zu finden, die mit mir schwammen oder am Ufer auf mich warteten. Ich habe also immer versucht, auf meiner persönlichen

Transformationsreise kreativ zu sein. Nach einem lockeren Schwimmen im Pool beschloss ich, 10 Minuten im eiskalten Wasser des Hilton Frankfurt zu bleiben, das normalerweise zum Abkühlen nach einem Saunagang gedacht ist. Ich bat meinen lustigen und engagierten Schwimmkumpel Kristian Schneider, mich mental zu unterstützen. Er kam mit mir und wartete draußen auf mich. Ich schaffte es, 10 Minuten zu bleiben, und in dieser Zeit stellte Kristian mir einige Fragen, um zu prüfen, ob es mir gut ging. Kristian ist ein großartiger Coach, Mentor und Motivator. Ich hatte das Glück, ihn während dieser Erfahrung an meiner Seite zu haben. Aus dieser Trainingseinheit habe ich Folgendes gelernt: „Fordere deinen Geist und deinen Körper kreativ heraus. Glaube an dich selbst, du wirst überrascht sein, wozu du fähig bist!" Auf in die Kälte! Was kannst du jetzt schon tun, um deine mentale Stärke zu verbessern? Fang jetzt an!

VORBEREITUNG AUF DEN ÄRMELKANAL: 2 STUNDEN BEI 15 GRAD WASSERTEMPERATUR ACHENSEE, ÖSTERREICH

Sowohl Einzel- als auch Teamschwimmer müssen ein Vorbereitungsschwimmen absolvieren, um sich für ein Kanalschwimmen anzumelden. Ein Teamschwimmer muss ein zweistündiges Schwimmen in Wasser mit einer Temperatur von 15 Grad Celsius oder weniger absolvieren (kein Neoprenanzug erlaubt, nur eine Mütze, eine Schwimmbrille und ein normaler Badeanzug). Ein Einzelschwimmer muss eine sechsstündige Schwimmstrecke unter denselben Bedingungen absolvieren.

Um zwei Stunden bei 15 Grad Celsius zu schwimmen, musste ich zunächst Wasser mit dieser Temperatur finden. Seit dem Frühlingsanfang wurde es jeden Tag wärmer, und die Seetemperatur in Frankfurt lag bei 18 Grad. Das bedeutete, dass ich einen neuen Ort finden musste, an dem das Wasser kühler war.

Die meisten Schwimmer haben Schwierigkeiten, einen Ort zu finden, an dem sie ihr Vorbereitungsschwimmen sicher absolvieren können. Auch mein Schwimmkamerad Emre, der aus der Türkei kam, um in kaltem Wasser zu schwimmen, und ich hatten Mühe, ein geeignetes und sicheres Gewässer zu finden.

Wir fuhren mit dem Auto zum Tegernsee, einem See in der Nähe von München, einem schönen Kurort in Oberbayern, der von einer bergigen Landschaft umgeben ist und dessen Wirtschaft hauptsächlich vom Tourismus lebt. Als ich dort ankam, prüfte ich das Wasser, es hatte 19 Grad. Zum ersten Mal in meinem Leben war ich verärgert, dass das Wasser so warm war! Ich musste einen kühleren See finden. Ich ging zum Besitzer meiner Airbnb-Wohnung und fragte ihn um Rat. Er empfahl mir den Achensee in Österreich, nicht weit von meinem Wohnort entfernt. Am nächsten Tag plante ich meine Reise zum Achensee, überprüfte alles auf Google Maps und beschloss, dort hinzufahren. Ich war konzentriert, ich war den ganzen Weg nach Bayern gefahren; jetzt musste ich einen Ort finden, an dem ich mein Vorbereitungsschwimmen machen konnte.

22. Juni 2019, Achensee, Österreich, 13-14 Grad:
Wir fuhren zum Achensee in Österreich, 50 Kilometer vom

Tegernsee entfernt. Der Achensee hatte etwa 13-14 Grad. Zuerst dachte ich: „Oh mein Gott – es ist kälter, als ich erwartet habe, wie soll ich diese Kälte aushalten und zwei Stunden schwimmen?" 14,9 Grad würden mir reichen und nun waren es 13 Grad. Emre motivierte mich und wir bereiteten heiße Kohlenhydratgetränke vor. Die Ernährung ist bei einem Kaltwasserschwimmen von mehr als einer Stunde extrem wichtig. Man braucht richtiges warmes Essen, um warm zu bleiben. Alle 30 Minuten machten wir eine kurze Pause und tranken unsere heißen Getränke, die uns Kraft gaben und das Feuer in uns am Laufen hielten. Das hat uns auch mental geholfen. Um mich zu motivieren, habe ich mich immer auf die nächste Mahlzeit konzentriert. Wenn man an das Gesamtziel denkt, wird das Ziel größer als man selbst. Aber wenn man sein Ziel in kleinere Teile zerlegt, ist es leichter zu bewältigen, nicht nur körperlich, sondern auch geistig.

Am Ende sind wir 120 Minuten in diesem wunderschönen kalten See zwischen den Alpen geschwommen. Ich bin so froh, dass ich diese wunderbare Erfahrung gemacht habe. Ich konnte nicht glauben, dass ich es geschafft hatte. Ich war jetzt bereit für den Ärmelkanal!

Du hast mich sagen hören, dass ich nach jeder Herausforderung glücklich bin, und das ist genau das, was ich beim Lesen meiner Geschichten über Entschlossenheit in diesem Buch hervorheben wollte.

Je mehr du dich selbst herausforderst, desto mehr entdeckst du, wozu du fähig bist, und desto stärker, zufriedener und glücklicher fühlst du dich. Warte nicht auf den richtigen Moment. Fang

an, dich selbst auf verschiedene Arten zu entdecken und folge
deiner Leidenschaft!

23. Juni 2019, Tag 2 Königsee, 10-11 Grad:
Der Airbnb-Gastgeber hatte auch den Königsee empfohlen,
einen See im äußersten Südosten des deutschen Bundeslandes
Bayern, nahe der österreichischen Grenze. Dieser See ist als
Naturschutzgebiet bekannt, in dem das Baden normalerweise
verboten ist und das Wasser eiskalt ist. Wir sind ohne Erlaubnis
geschwommen, aber zum Glück hat uns niemand angezeigt und
alles ging gut. Wir brauchten eine weitere Herausforderung, um
unsere Grenzen auszuloten und unsere Komfortzone weiter zu
erweitern. Deshalb fuhren wir zum Königssee.

In diesem Paradies auf Erden schwammen wir 62 Minuten lang in 10-11 Grad kaltem Wasser. Zum ersten Mal habe ich nach dem Schwimmen nicht gezittert, was etwas seltsam war, da das Wasser kälter war als im Achensee, aber ich habe mich darauf konzentriert, meinen Körper zu kontrollieren, und das hat geholfen. Ich war in der Lage, meinen Körper mit Hilfe meines Geistes zu kontrollieren.

Diese Erfahrung im Camp hat mir gezeigt, dass Training der Schlüssel ist. Durch ständiges Training und Konzentration kann man mit der Kälte umgehen, indem man sowohl mental als auch körperlich stärker wird. Wenn wir aus unserer Komfortzone heraustreten, können wir Herausforderungen besser bewältigen als je zuvor. Ich habe mich gefreut, an diesen schönen Ort zu gehen und eine wunderbare Erfahrung zu machen.

Die Kälte ist in unserem Kopf. Wir können unseren Geist und unseren Körper kontrollieren. Letztes Jahr konnte ich mir nicht einmal vorstellen, in 11 Grad kaltem Wasser zu schwimmen, und in den letzten beiden Tagen bin ich 1 und 2 Stunden in eiskaltem Wasser geschwommen, und ich konnte meinen Geist und meinen Körper beherrschen. **Glauben – Trainieren – Erreichen.**

WIE KAM ICH MIT DEM KALTEN WASSER NEBEN DEM TRAINING ZURECHT?

Ich bin 1,66 m groß und wiege nur 54 kg. Ein bisschen Fett ist nützlich, um sich an das kalte Wasser zu gewöhnen, aber ich wollte nicht zunehmen. Deshalb beschloss ich, meinen Anteil an braunem Fett durch kontinuierliches Kaltwassertraining zu erhöhen. Auch mentale Vorbereitungen wie Meditation, die Wim-Hof-Atemmethode, sorgfältige Ernährung und Regeneration halfen mir, stärker zu werden und meine Ausdauer zu steigern.

WIM-HOF-ATEMTECHNIK (HTTPS://WWW.WIMHOFMETHOD.COM/)

Wim Hof, auch bekannt als der Iceman, ist ein niederländischer Extremsportler, der für seine Fähigkeit bekannt ist, extremer Kälte zu widerstehen, die auf der von ihm entwickelten Atemtechnik, der Wim-Hof-Methode (WHM), basiert. Seine Methode ermöglicht es dir, dein zentrales Nervensystem zu manipulieren, den PH-Wert deines Körpers zu erhöhen, dein Immunsystem zu stärken und dein Energieniveau zu steigern.

Wim Hof hat eine Botschaft für uns alle:
„Du kannst buchstäblich das Unmögliche tun. Du kannst Krankheiten überwinden, deine geistige Gesundheit und körperliche Leistungsfähigkeit verbessern und sogar bei eisigen Temperaturen gedeihen, indem du deine Physiologie kontrollierst." Mit der Wim-Hof-Methode teilt dieser Pionier des menschlichen Potenzials eine Methode, die jeder anwenden kann, nicht nur Extremsportler oder spirituelle Meister, um seine Fähigkeit zur Stärke, Gesundheit und Glück zu stärken.

Seine Methode, die in seinem Buch „Becoming an Iceman" zusammengefasst ist, basiert auf drei kraftvollen Schlüsselelementen:

1. **Die Kältetherapie:** Kälte ist dein warmer Freund und eines der drei Schlüsselelemente der Wim-Hof-Methode. Der richtige Umgang mit Kälte löst eine Reihe von gesundheitlichen Vorteilen aus, darunter die Ansammlung von braunem Fettgewebe und den damit verbundenen Fettabbau, die Verringerung von Entzündungen, die ein gestärktes Immunsystem begünstigen, einen ausgeglichenen Hormonspiegel, eine verbesserte Schlafqualität und die Produktion von Endorphinen, einer Chemikalie im Gehirn, die auf natürliche Weise das Gefühl und die Stimmung hebt.

2. **Die Atmung:** Das zweite wesentliche Element der Wim-Hof-Methode ist die Atmung. Wir atmen die ganze Zeit, sind uns aber oft nicht bewusst, welches enorme Potenzial in unserem Atem steckt. Ein erhöhter Sauerstoffgehalt birgt einen Schatz an verborgenen Vorteilen und die spezielle Atemtechnik der Wim-Hof-Methode offenbart sie alle: Mehr Energie, weniger Stress und eine gestärkte Immunabwehr, die Krankheitserreger schnell überwindet.

3. **Die Hingabe:** Das dritte Hauptelement der Wim-Hof-Methode ist die Grundlage für die beiden anderen: Kälteexposition und bewusste Atmung, die beide Geduld und Hingabe erfordern, um sie vollständig zu beherrschen. Bewaffnet mit Fokus und Entschlossenheit bist du bereit, deinen eigenen Körper und Geist zu erforschen und schließlich zu meistern.

Wim Hofs Methode ist sehr einfach und effektiv in der Anwendung und seine Erfolge sind äußerst inspirierend. Seine Geschichte zeigt uns, wie wir aus unserer Komfortzone heraustreten, unsere Grenzen überwinden und sowohl mental als auch spirituell stärker werden können. Es mag Zeiten geben, in denen du nicht glücklich bist, in denen du das Gefühl hast, die Kontrolle über dein Leben zu verlieren, in denen du dich deprimiert fühlst oder in denen du eine neue Inspiration in deinem Leben brauchst. Auch Wim Hof hat schwierige Zeiten durchgemacht. Er hatte das Gefühl, dass er die Welt nicht mehr verstand. Er verlor die Kontrolle über sein Leben, als seine Frau plötzlich beschloss, sich das Leben zu nehmen. Wim Hof beweist uns, dass wir mit Schmerz umgehen können und dass wir aus unserer Komfortzone heraustreten und die Kontrolle über unseren Geist und Körper übernehmen können.

Hier ist eine konkrete Beschreibung der Atemübung, die in dem Buch „Nie wieder krank" beschrieben wird, probieren wir sie aus!

1. **Kontrollierte Hyperventilation:** Die erste Stufe umfasst 30 Atemzyklen. Jeder Zyklus läuft wie folgt ab: Atme kräftig ein und füll die Lunge vollständig. Atme aus, indem du den Atem passiv freigibst, atme nicht aktiv aus. Wiederhole diesen Zyklus dreißig Mal in einem gleichmäßigen und schnellen Tempo. Hof weist darauf hin, dass diese Art der Hyperventilation zu einem Kribbeln oder einem Gefühl der Benommenheit führen kann.

2. Atem anhalten: Nach 30 Zyklen kontrollierter Hyperventilation und Ausatmung den Atem so lange wie möglich anhalten.

3. Ein- und ausatmen: Wenn ein starker Drang zum Atmen aufkommt, atme tief ein. Halt den Atem etwa 15-20 Sekunden lang an und lass ihn wieder los. Es kann sein, dass dein Körper ein kurzes Schwindelgefühl verspürt, das ist völlig normal.

Diese drei Phasen können dreimal hintereinander wiederholt werden. Weitere Informationen erhältst du, wenn du nach „geführter Wim Hof-Atmung" suchst und dir YouTube-Videos anschaust oder die Website https://www.wimhofmethod.com/ besuchst.

- Führe die Atemübungen immer in einer sicheren Umgebung durch und belaste deinen Körper nicht.

- Mach diese Übung nicht in einer Position, in der eine Ohnmacht gefährliche Folgen haben könnte. Mach sie daher nicht im Wasser, in der Badewanne oder beim Autofahren.

DIE MACHT DER VISUALISIERUNG – ALLES BEGINNT IM KOPF!

Neben dem Training und den Atemübungen glaube ich fest an die „Visualisierung", die Hand in Hand mit dem Gesetz der Anziehung arbeitet. Dein Traum ist die Visualisierung eines Bildes in deinem Kopf; mit konsequenter Visualisierung dieses

Traums wirst du Schritt für Schritt der Ebene näherkommen, die du dir für deine Träume wünschst (How to Use the Power of Visualisation – Mindvalley Blog. https://blog.mindvalley.com/the-power-of-visualization/).

Du hast die Leute schon sagen hören: Ich kann mir nicht vorstellen, 100 Kilometer mit dem Fahrrad zu fahren, auf der Bühne aufzutreten, ein Wandgemälde zu malen, usw. … Diese Menschen werden diese Dinge nie erreichen, weil sie sich nicht vorstellen können, sie zu erreichen.

Alles, was jemals geschaffen oder erreicht wurde, begann als Idee in den Köpfen der Menschen. In der Regel entstand eine Idee als Reaktion auf ein Bedürfnis oder einen Wunsch, und du hast angefangen, deine geistige Energie darauf zu richten. Diese Idee baute auf sich selbst auf, als deine geistige Energie mit Emotionen durchdrungen wurde. So entstand ein enormer Wunsch, und dein Geist formte eine Ganzheit und suchte nach Möglichkeiten, die Vision mit der physischen Realität zu verbinden.

Als ich mich auf die türkischen und deutschen Meisterschaften vorbereitete, stellte ich mir das Rennen und meine Leistung immer im Voraus vor. Ich war immer nervös, und um das zu überwinden, stellte ich mir den Wettkampf viele Male im Kopf vor. Das half mir, mich mental vorzubereiten. Diese Technik habe ich auch bei meinen Kaltwassertauchübungen angewandt. Die Visualisierungsübung ist einfach zu beginnen. Du setzt oder legst dich in eine bequeme Position und schließt die Augen. Du stellst dir in deinem Kopf genau die Stelle vor, an der du etwas leisten musst. Das kann ein sportlicher Wettkampf sein, eine Präsentation vor deinen Vorgesetzten, ein Auftritt im Leben oder etwas Neues, das du zum ersten Mal ausprobierst. Stell dir vor, was du trägst, wie du aussiehst, die Menschen um dich herum, deine Gefühle, deine Ängste, kurzum, alles, was mit der Situation zu tun hat. Und stell dir vor, wie stark du sein wirst, wie du diese besondere Herausforderung meisterst und schließlich Erfolg haben wirst. Kombiniere dieses visuelle Element mit positiven Affirmationen. Das ist genau das, was ich vorher versucht habe. Ich habe mir das kalte Wasser vorgestellt und wie ich mich fühlen würde, wenn ich ins Wasser gehe. Ich habe mir vorgestellt, dass mein Gehirn stärker ist als mein Körper, und ich habe mir vorgestellt, dass ich die Kälte akzeptiere und als starke Frau ins Wasser gehe und anfange zu schwimmen. Ich habe mir vorgestellt, wie ich ein- und ausatme, um mein Schwimmen zu kontrollieren. Ich habe mir vorgestellt, dass die Sonne mich wärmt und schützt. Diese Art der mentalen Vorbereitung hat mir sehr geholfen, mich auf neue Herausforderungen zu konzentrieren.

Fang an, deinen Traum zu visualisieren, spüre, wie du dein Ziel erreichst, und konzentriere dich darauf. Alles beginnt in deinem Kopf und wird in deinem Leben Wirklichkeit!

ERNÄHRUNG

Was du isst, was du trinkst und wann du es tust, spielt eine wichtige Rolle für deine Erfahrung mit kaltem Wasser. Wenn du zum Beispiel Alkohol trinkst, spürst du kaltes Wasser stärker als sonst. Dein Körper ist schwächer und weniger immun gegen die Kälte. Es ist wichtig, Lebensmittel mit einem hohen Anteil an gesunden Fetten wie Lachs, Avocado und Nüssen zu essen, um braunes Fett zu bilden und mehr Widerstandskraft gegen Kälte zu entwickeln.

HIER IST MEINE LISTE MIT DEN BESTEN FETTREICHEN LEBENSMITTELN:

Fisch: Natürlich fette Fische wie Lachs, Makrele, Hering, Seeforelle, Sardinen und Langflossenthunfisch sind gute Quellen für Omega-3-Fettsäuren. Das sind die „guten" Fette, die das Herz gesund halten. Sie können auch dazu beitragen, dass das Gehirn scharf bleibt, besonders wenn man älter wird (Healthy Fatty Foods for Your Diet - WebMD. https://www. webmd.com/diet/ss/slideshow-healthy-fat-foods).

Avocado: Wenn man Avocados zusammen mit anderen Lebensmitteln isst, helfen sie dem Körper, die Nährstoffe besser zu verdauen. Eine halbe mittelgroße Avocado ist eine Portion und hat etwa 160 Kalorien.

Nüsse: Alle Nüsse, von Haselnüssen bis zu Walnüssen, sind gut für Ihr Herz. Besonders Walnüsse liefern herzgesunde Fette.

Eier: Eier sind eine hervorragende Quelle für preiswertes Eiweiß. Ein großes, hartgekochtes Ei enthält etwa 4,7 Gramm Fett, von denen die meisten gesunde Fette sind. Einige Eier sind auch mit zusätzlichen Omega-3-Fettsäuren angereichert. Dies ist auf den Verpackungen angegeben.

Während eines langen, kalten Schwimmens ist es sehr wichtig, zu essen, um sich warm zu halten und Energie zu tanken. Die meisten Menschen ziehen es vor, ihre erste Mahlzeit 1,5 bis 2 Stunden nach dem Schwimmstart zu sich zu nehmen und dann alle 45 Minuten bis eine Stunde etwas zu essen. Wenn du davon ausgehst, dass du nur wenige Male essen wirst (was bei einem 10-Kilometer-Wettkampf der Fall ist), dann ist wahrscheinlich alles möglich – Energiegel, Kohlenhydratpulver usw. ... Aber für wirklich lange Strecken musst du vor einem langen Trainingsschwimmen Lebensmittel ausprobieren, um zu sehen, ob dein Körper sie annimmt. Deshalb solltest du verschiedene Nahrungsmittel ausprobieren, um zu sehen, welche für dich am besten geeignet sind.

REGENERATION, INSBESONDERE SCHLAF:

Ausreichend Schlaf hilft auch, den Körper zu stärken, und erhöht die körperliche emotionale Resilienz.

- Muskelregeneration: Während des Schlafs beginnt der Körper mit der Reparatur und dem Wachstum von Muskelgewebe. Dies ist besonders wichtig für Sportler, da körperliche Aktivität Muskelschäden verursachen kann. Ausreichender Schlaf hilft dabei, diese Muskelschäden zu reparieren und die Muskeln zu stärken.

- Auffüllen der Energiereserven: Der Schlaf spielt eine wichtige Rolle bei der Wiederherstellung der körperlichen und geistigen Energie. Sportler benötigen viel Energie für ihr Training und ihre Wettkämpfe. Ein guter Schlaf sorgt dafür, dass sie mit ausreichend Energie versorgt sind, um ihre Leistung aufrechtzuerhalten.

- Erholung des zentralen Nervensystems: Intensive körperliche Aktivität kann das zentrale Nervensystem belasten. Schlaf ermöglicht es dem zentralen Nervensystem, sich zu erholen und zu regenerieren, was die Koordination, das Gleichgewicht und die Reaktionsfähigkeit verbessern kann.

- Hormonregulation: Während des Schlafs werden wichtige Hormone, wie das Wachstumshormon und Testosteron, freigesetzt. Diese Hormone sind entscheidend für das Muskelwachstum, die Reparatur von Gewebe und die Regeneration nach dem Training.

- Mentale Erholung: Neben den physischen Aspekten ist die mentale Erholung genauso wichtig. Schlaf trägt dazu bei, Stress abzubauen und die geistige Frische wiederherzustellen. Dies kann die Konzentration, die Entscheidungsfindung und die psychische Belastbarkeit verbessern, die für den Erfolg im Sport entscheidend sind.

- Verletzungsprävention: Schlafmangel kann zu verminderter Aufmerksamkeit und Koordination führen, was das Verletzungsrisiko erhöhen kann. Ausreichender Schlaf kann dazu beitragen, Unfälle und Verletzungen zu vermeiden.

- Entzündungshemmung: Schlaf spielt auch eine Rolle bei der Regulierung von Entzündungsprozessen im Körper. Chronische Entzündungen sind mit Verletzungen und verschiedenen gesundheitlichen Problemen verbunden.

Ein gesunder Schlafzyklus kann helfen, Entzündungen zu reduzieren.

Zusammenfassend lässt sich sagen, dass dein Geist bereit sein muss und dass dein Körper neben dem Training auch genügend Schlaf und Nahrung bekommen muss, um aus seiner Komfortzone herauszukommen und sich den Herausforderungen zu stellen. Denke über deine Regenerationsaktivitäten nach. Sind sie ausreichend? Hast du ein Gleichgewicht? Nimmst du dir genügend Zeit für deine Erholung?

Das kalte Wasser hat mich herausgefordert, aber gleichzeitig hat es meinem Leben eine neue Dimension gegeben. Was genau passiert, wenn man ins kalte Wasser geht? Welche Vorteile hat das? Hier findest du eine Zusammenfassung der wichtigsten Vorteile und Auswirkungen auf dein Leben, zitiert aus dem Buch „Nie wieder krank" von Wim Hof:

VORTEILE VON KALTEM WASSER

Nach meinem Kaltwassertraining habe ich das Buch „Nie wieder krank" von Wim Hof weitergelesen.

Was sind die Vorteile des Kaltwassertauchens?

- **Verringerter Stresspegel.** Delray Beach Cryo in Südflorida, die führende Technologie für Kryotherapie-Behandlungen, erklärt, dass regelmäßiges kaltes Duschen den Körper ein wenig unter Stress setzt, was zu einem Prozess führt, der als Abhärtung bezeichnet wird. Dies bedeutet, dass sich Dein Nervensystem allmählich daran gewöhnt, mit moderatem Stress umzugehen. Der Abhärtungsprozess hilft dir, in der nächsten stressigen Situation einen kühlen Kopf zu bewahren.

Ich hatte immer das Gefühl, dass mein Stresspegel nach dem Schwimmen im kalten Wasser sank. Ich wurde ruhiger, vor allem in stressigen Situationen auf der Arbeit. Während alle um mich herum wegen einer Deadline oder einer Phase gestresst waren, spürte ich eine allgemeine Gelassenheit und das Gefühl, dass ich jede Herausforderung außerhalb meiner Komfortzone bewältigen konnte.

• **Höhere Wachsamkeit.** Kaltes Duschen oder Schwimmen macht den Körper wach und sorgt für einen höheren Wachheitsgrad. Kälte fördert auch die Konzentration, da sie den Kohlendioxidgehalt im Körper senkt und die Atmung vertieft. Kalte Duschen halten dich den ganzen Tag über bereit und fokussiert.

Nach den kalten Bädern hatte ich das Gefühl, produktiver zu sein, mich besser konzentrieren zu können und ein höheres Konzentrationsniveau bei der Arbeit zu erreichen. Ich hatte ein hohes Energieniveau und fühlte mich bei harter körperlicher und geistiger Arbeit nicht mehr so müde wie vorher. Ich hatte auch das Gefühl, dass ich wacher war, verborgene Botschaften oder Energien wahrnehmen konnte und sensibler für Menschen war.

• **Stärkere Immunabwehr.** Wissenschaftliche Untersuchungen haben gezeigt, dass eine kalte Dusche die Anzahl der weißen Blutkörperchen im Körper erhöht. Diese Blutkörperchen schützen den Körper vor Krankheiten. Die Forscher glauben, dass dieser Prozess mit einer Erhöhung der Stoffwechselrate zusammenhängt, die die Immunreaktion anregt.

Wenn man im Winter im See schwimmt, erwartet man normalerweise, dass man krank wird. Bei mir war das Gegenteil der Fall. Nach den Atemübungen und den Tauchgängen im kalten Wasser bin ich nicht krank geworden, im Gegenteil, mein Geist und mein Körper waren stärker als zuvor.

- **Stärkere Willenskraft.** Wer lange in der Kälte aushalten will, braucht einen starken Willen. Wenn Du kalte Duschen in Deine tägliche Routine einbaust, stärkt Sie Deine Willenskraft, was sich in vielerlei Hinsicht positiv auf Dein tägliches Leben auswirkt.

Willenskraft und Entschlossenheit haben mir die Motivation gegeben, mich anderen Herausforderungen in meinem Leben zu stellen und sie gelassener und selbstbewusster zu bewältigen. Ich fing an, mir selbst mehr zu vertrauen und eine optimistischere Sichtweise auf meine Schmerzen zu haben. Ich begann, hoffnungsvoller und fröhlicher zu sein, auch wenn ich mit inneren und äußeren Hindernissen konfrontiert war.

- **Gewichtsverlust**. Die Forschung hat gezeigt, dass kalte Duschen (und Kälte im Allgemeinen) nicht nur den Stoffwechsel direkt ankurbeln, sondern auch die Bildung von braunem Fett fördern. Wer also ein paar

Kilo abnehmen will, für den können kalte Duschen ein wirksames Mittel sein.

Nach dem Schwimmen in kaltem Wasser fühlte sich mein Körper erfrischt und straffer an, und selbst meine Freunde sagten mir, dass sie einen Unterschied an meinem Körper feststellen konnten. Natürlich hilft, wie ich oben erklärt habe, das Körperfett, und ich habe versucht, mehr zu essen, um etwas zuzunehmen, aber beim Kaltwasserschwimmen wurden mehr Kalorien verbrannt als bei normalem Sport, und am Ende wog ich genauso viel wie vorher, hatte aber jetzt einen stärkeren Körper und einen stärkeren Geist.

ZUSAMMENFASSUNG:

1. **Der Tunnelblick kann gefährlich sein.** Tunnelblick bedeutet, dass die Ränder des Blickfelds verschwinden und nur der zentrale Fokus übrig bleibt, als ob man durch einen Tunnel fährt. Es handelt sich dabei um eine Perspektivlosigkeit, die aus einer intensiven Fokussierung auf eine Sache resultiert und dazu führt, dass man das Umfeld und die Verantwortung vernachlässigt oder den Blick für andere Perspektiven verschließt.

2. **Leiden bedeutet Entwicklung.** Auf den Schmerz folgen magische Momente des Wachstums, die es zu genießen gilt. Kein Schmerz, kein Gewinn.

3. **Denke an die Macht der Visualisierung** – alles beginnt in Deinem Kopf! Glaube an das, was du tust, plane in deinem Geist, visualisiere, was geschehen soll, was du dir wünschst.

4. **Du kannst deinen Geist und deinen Körper kontrollieren.** Erkältungen und andere Schwierigkeiten entstehen in unserem Kopf. Verwende verschiedene Techniken, um deinen Geist und Körper zu stärken. Du wirst überrascht sein, was du alles erreichen kannst.

5. **Je außergewöhnlicher deine Ziele in deinem Leben sind und du einzigartige Dinge tust, desto mehr wirst du auf deinem Weg allein sein.** Habe keine Angst, allein zu sein und deiner Leidenschaft zu folgen. Du hast die nötige Kraft und wirst immer

Menschen finden, die die gleiche Leidenschaft haben und ähnliche Wege gehen.

6. **Kaltes Wasser kann dein Leben verändern.** Es kann deinen Körper und dein Gehirn verändern. Du fühlst dich erfrischt, dein Gehirn wird neu eingestellt und dein Körper wird gestrafft.

7. **Vorteile von kaltem Wasser:**
   ► Reduzierte Stressbelastung
   ► Höhere Wachsamkeit
   ► Stärkere Immunabwehr
   ► Stärkerer Wille
   ► Gewichtsabnahme

8. **Für kaltes Wasser gibt es unterschiedliche Definitionen.** Die meisten Organisationen definieren kaltes Wasser als unter 17 Grad Celsius. Die meisten Menschen empfinden es jedoch schon ab 21 Grad als kalt. Die durchschnittliche Temperatur in einem Schwimmbad liegt bei 27 Grad Celsius.

9. **Der größte Teil der Regeneration findet durch Schlaf und Ernährung statt.** Es gibt nur wenige andere Methoden, die wirklich funktionieren. Der Schlaf spielt eine wichtige Rolle, wenn es darum geht, den Geist stark zu halten, um mit dem kalten Wasser fertig zu werden.

10. **Was du isst und trinkst und wann du etwas zu dir nimmst, spielt eine große Rolle beim Eintauchen in kaltes Wasser, und du kannst die direkten Auswirkungen in deinem Körper spüren.**

11

Ein Projekt in London – Change Management und der Weg zum Ärmelkanal – Staffel

Wir wollten in zwei Monaten den Ärmelkanal durchschwimmen. Nach all den Vorbereitungen würde unser Traum endlich in Erfüllung gehen.

Mein Arbeitgeber, EY, hatte mich für drei Monate nach London geschickt, um die weltweite Einführung einer neuen Lösung für das Veränderungsmanagement zu unterstützen.

WORUM GENAU GEHT ES BEI EINER „CHANGE MANAGEMENT"-LÖSUNG?

Wir leben in einer nicht dauerhaften Welt; alles verändert sich. Veränderung ist nicht länger eine Option, sondern eine Notwendigkeit in jedem Aspekt unseres Lebens. Change Management ist ein personalisierter und umfassender Ansatz zur Bewältigung des Wandels in Organisationen. Der aus der Kundenerfahrung und Forschung der Harvard Business School hervorgegangene Change Experience-Ansatz befasst sich mit vier gemeinsamen Faktoren, die den größten Einfluss auf erfolgreiche Ergebnisse haben, um die Erfahrungen der Mitarbeiter im Veränderungsprozess zu optimieren und sie zu außergewöhnlichem Erfolg zu führen. Ein ständiger Fokus auf die „Erfahrung" der Menschen mit dem Wandel schafft eine starke Wirkung in jeder Phase des Veränderungsprozesses, was wiederum bessere Transformationsergebnisse ermöglicht. Meine Kollegen und ich analysieren die digitale Arbeit von Robotern und Menschen und liefern strategische Erkenntnisse, die Organisationen dabei helfen können, sich an die Herausforderungen des kontinuierlichen Wandels anzupassen und sogar davon zu profitieren.

Ich war froh, dass ich die Möglichkeit hatte, in London zu arbeiten, und während ich an diesem aufregenden neuen Projekt arbeitete, nutzte ich die Gelegenheit, in Dover zu schwimmen, wo am Wochenende das Kanalschwimmen begann. Das Timing hätte nicht besser sein können, denn so konnte ich meine Arbeit und meine Schwimmziele miteinander verbinden. Ich war schon ein paar Mal in London gewesen, aber dieses Mal war es wirklich einmalig. Meine Firma hatte mir eine schöne Wohnung direkt an der Themse organisiert, und ich hatte ein großartiges Team von multinationalen Kollegen.

Aber ich stand auch vor einem großen Problem: Es gab kein geeignetes Schwimmbad in der Nähe meiner Wohnung oder meines Büros. Freibäder schlossen gegen 19 Uhr. Normalerweise arbeitete ich sogar noch länger, so dass das Training zu einem echten Problem wurde. Das olympische Schwimmbad im London Aquatics Centre im Queen Elizabeth Olympic Park in Stratford war bis 21:00 Uhr geöffnet. Das Zentrum war einer der Hauptaustragungsorte der Olympischen Sommerspiele 2012 und der Paralympics 2012 und wurde für Schwimm-, Tauch- und Synchronschwimmveranstaltungen genutzt. Nach umfangreichen Änderungen wurde es im März 2014 für die Öffentlichkeit zugänglich gemacht.

Das war eine tolle Option, aber 40 Minuten von meinem Büro in London Bridge entfernt. Ich beschloss, mich mental mit Atemübungen vorzubereiten und mindestens viermal pro Woche an der Themse entlang zu laufen. Die Aussicht war fantastisch. Ich trainierte 1-2 Mal pro Woche im Schwimmbad, der Rest bestand aus Laufen und mentalen Übungen.

Aber ich fühlte mich bereit für den Ärmelkanal! Während des Winters und zu Beginn des Frühjahrs hatte ich in Seen in Deutschland, Österreich und der Türkei trainiert. Ich nutzte meine Zeit effizient und gab mein Bestes neben meiner harten Beratungsarbeit.

Ich habe versucht, mich mit ein paar Schwimm- und Lauftrainingseinheiten fit zu halten. London war für mich auch eine Erfahrung, die mich aus meiner Komfortzone herausführte. Nach Frankfurt war die Stadt überwältigend und aufregend. Die Energie der Stadt und der Menschen war unglaublich. Der Verkehr war verrückt. Auch die Arbeit war eine Herausforderung: Das Team war neu, die Kollegen aus der ganzen Welt waren neu. Es dauerte eine Weile, bis ich mich an die neue Umgebung und das schnelle Arbeitstempo gewöhnt hatte. Auch die Arbeitszeiten waren anders als in Deutschland. Wir hatten Besprechungen um 6 Uhr morgens und auch um 23 Uhr. Es war nicht einfach, die unterschiedlichen Erwartungen der verschiedenen Teammitglieder aus aller Welt zu erfüllen. Das Umfeld war herausfordernd, und die Arbeitsatmosphäre war manchmal angespannt, weil es zu Missverständnissen zwischen den verschiedenen Arbeitsstilen kam. Eines Nachts schlief ich während eines Vorstellungsgesprächs ein, weil ich mich erschöpft fühlte und es zu viel war, gleichzeitig zu schwimmen, zu arbeiten und die Herausforderungen meines Privatlebens zu bewältigen.

Neben der anspruchsvollen Projektarbeit lernte ich bald viele verschiedene Menschen und Kollegen kennen und machte jeden Tag andere Pläne für den Feierabend, darunter Schwimmen und Sport, aber auch Abhängen in Kneipen und Biertrinken mit Kollegen und Freunden. Ich freute mich auf das Mannschaftsschwimmen im Ärmelkanal, und viele Leute fragten mich danach.

„KANAL-TEAMSCHWIMMEN" – WAS GENAU BEDEUTET STAFFELSCHWIMMEN?

Zunächst einmal unterscheidet sich ein „Kanal-Teamschwimmen", wie die Teamleistung genannt wird, nicht wesentlich von einem Einzelschwimmen. Die Distanz ist die gleiche (etwas mehr als 32 Kilometer), die Regeln sind die gleichen (keine Neoprenanzüge, kein Berühren des Bootes usw.). Der einzige Unterschied besteht darin, dass sich die Schwimmer im Team abwechseln: Das Team muss die Reihenfolge festlegen, in der die Schwimmer ins Wasser gehen, und dann muss jeder Schwimmer eine Stunde lang im Wasser bleiben, um diese Reihenfolge einzuhalten. Sobald alle Schwimmer der Mannschaft einmal geschwommen sind, ist der erste Schwimmer wieder an der Reihe und so weiter, bis der Übergang abgeschlossen ist.

Jedes Team kann aus mindestens zwei und höchstens sechs Schwimmern bestehen. In einem Team von sechs guten Schwimmern, die etwa 3 Kilometer pro Stunde schwimmen können, muss jeder Schwimmer nur zweimal ins Wasser. Unser Team „Out of Our Comfort Zone" bestand zunächst aus vier Schwimmern: Mir selbst, dem iranischen Prof. Raha Akhavan von der Sabancı-Universität, Emre Deliveli und Darren Watson. Wir hofften, in jeder Runde 12 bis 13 Kilometer zurückzulegen, was bedeutete, dass wir wahrscheinlich in der dritten Runde ins Ziel kommen würden und der letzte Schwimmer keine Chance hätte, ein drittes Mal ins Wasser zu steigen.

Ist das wie ein Spaziergang im Park oder ein Schwimmen im Schwimmbad? Nicht wirklich … Während eine Stunde Schwimmen an sich keine große Sache ist, ist das Hauptproblem das kalte Wasser. Im Sommer liegen die Wassertemperaturen im Ärmelkanal zwischen 15 und 18 Grad Celsius und damit weit unter dem, was viele Schwimmbad- und Freiwasserschwimmer gewöhnt sind. Wenn man also in den Ärmelkanal will, ohne sich an das Schwimmen in kaltem Wasser zu gewöhnen, wird man möglicherweise nicht in der Lage sein, eine ganze Stunde im Wasser zu bleiben, selbst wenn man in der Vergangenheit Marathonschwimmen absolviert hat. Außerdem passt sich der menschliche Körper zwar recht schnell an das Schwimmen in kaltem Wasser an, wie ich während meines Trainings feststellen konnte, aber viele Schwimmer im Ärmelkanal werden sagen, dass das Warten darauf, dass man nach dem Schwimmen wieder an die Reihe kommt, schwieriger ist als das Schwimmen selbst: Es ist extrem kalt und das Boot bietet, wenn überhaupt, nur wenig Schutz vor den Elementen. Du wirst in einem schaukelnden Boot warten, und beim zweiten Mal wirst du zitternd und seekrank ins Wasser gehen. Und jetzt kommt der wichtigste Punkt: Wenn du an der Reihe bist, kann keiner deiner Teamkollegen für dich schwimmen. Wenn du nicht ins Wasser gehst/gehen kannst, gilt dein Channel Team Swim als gescheitert. Es wird erwartet, dass sich dein Team bis zum Ende an die Reihenfolge hält, die es vor dem Schwimmen bekannt gegeben hat.

Wie du siehst, ist das Teamschwimmen kein Spaß, auch wenn es nicht die extreme Kaltwassertoleranz und das körperliche und geistige Durchhaltevermögen eines Einzelschwimmens im Kanal erfordert. Wenn du körperlich oder geistig schlecht vorbereitet ankommst, kannst du die gesamte Teamleistung zunichtemachen, und es versteht sich von selbst, dass du bei deiner Rückkehr nach Dover nicht die beliebteste Person auf dem Schiff sein wirst. Die Teamschwimmleistung setzt daher alle Teammitglieder unter Druck. Wenn einer versagt, versagt das ganze Team. Teamschwimmen ist daher eine intensive Erfahrung von Teamarbeit, und man muss schon bei der Vorbereitung auf die Teamdynamik achten.

Wir waren alle bereit für den Ärmelkanal, wir hatten das Hotel gebucht, ich hatte meinen Urlaub mit meiner Firma vereinbart, wir hatten unsere Bestätigung von der Channel Swimming

Association, natürlich hatten wir das Boot organisiert, und vor allem waren wir bereit, gemeinsam als Team zu starten.

VIERZEHN TAGE SPÄTER

Meine Teammitglieder und unser Trainer waren nach Nordirland gereist. Kamil Resa Alsaran, unser Trainer und selbst ein erfahrener Freiwasserschwimmer, hatte bereits zweimal den Ärmelkanal durchschwommen und wollte nun den Nordkanal von Nordirland nach Schottland durchschwimmen, der von vielen als einer der härtesten Ultramarathons der Welt angesehen wird. Die Wassertemperatur im Nordkanal liegt bei 12 bis 13 Grad Celsius, und es gibt sehr große giftige Quallen. Mein Team war vor Ort, um ihn zu unterstützen und auch ein Kaltwasserschwimmcamp zu absolvieren, um sich auf den Ärmelkanal vorzubereiten. Sie sprachen auch über ein Mannschaftsschwimmen im Nordkanal, aber ich nahm das nicht ernst, ich war neu in London, hatte einen anstrengenden Job und bereitete mich auf den Ärmelkanal vor, nicht auf den anspruchsvolleren Nordkanal.

Eines Tages schrieb mir mein Team über WhatsApp, dass sie ein Teamschwimmen im Nordkanal planten und mich dazu einladen wollten. Ich hatte diesen Plan nie ernst genommen, und dieses Mal war es nicht anders. Konnte ich in 12 Grad kaltem Wasser schwimmen, ohne richtig trainiert zu haben? Das war inakzeptabel! Zu allem Überfluss waren sie mindestens eine Woche dort, ihre Körper gewöhnten sich an das kalte Wasser, und ich arbeitete in London, trank Bier und lief nur herum, anstatt harte Schwimmeinheiten zu absolvieren. Ich sagte ihnen, dass ich das Teamschwimmen nicht machen könne, da es zu diesem Zeitpunkt keinen Sinn machen würde, und dass ich mich auf unser Kanal-Teamschwimmen freute. Für mich wäre es eine große Herausforderung, nicht nur körperlich, sondern auch beruflich und finanziell: Ich müsste meinen Job für einige Tage aufgeben und hätte zusätzliche Kosten zu tragen. Ich hatte keine Sponsoren und bezahlte alles mit meinem Beratergehalt. Das Schwimmen im Kanalteam kostet etwa 3 000 bis 4 000 Euro, selbst wenn man die Vorbereitungskosten nicht mitrechnet. Ich habe also abgelehnt und gehofft, dass sie meine Situation verstehen würden.

Aber meine Teamkollegen konnten nicht auf mich verzichten: Als 3er-Team müssten sie mindestens viermal schwimmen, ausgehend von einem 12-Stunden-Schwimmen. Wenn ich mich dem Team anschließen würde, müssten sie nur dreimal schwimmen. Ein paar Stunden später schrieb mir unser Trainer Kamil eine SMS und teilte mir mit, dass das Team auf mich warte und es Zeit für mich sei, mein Kaltwasser-Teamtraining zu absolvieren und mich zu beweisen. Ich wurde sehr unruhig. Ich fühlte mich einsam und spürte auch den Druck, der von verschiedenen Seiten kam. Ich sprach mit meinen Arbeitskollegen über meine Situation. Interessanterweise drängten sie mich und ermutigten mich, nach Irland zu fliegen und mich dieser Herausforderung zu stellen. Sie sagten, dass sie die Arbeit zwei Tage lang bewältigen könnten und dass es in Ordnung wäre, wenn ich mir 1 bis 2 Tage frei nähme. Ich hielt das für ein Zeichen, nun musste ich handeln. Ich erkundigte mich nach Last-Minute-Flügen, sprach mit meinem Vorgesetzten, versuchte, mich selbst zu organisieren, und beruhigte meine Familie, die mit meinen riskanten Plänen nicht einverstanden war. Ich wusste, dass sie sich, egal wie alt ich war, immer Sorgen um mich machen würden, und ich musste sie von meinen Plänen überzeugen.

ZUSAMMENFASSUNG:

1. **Wir leben in einer disruptiven Welt; alles verändert sich. Transformation ist nicht länger eine Option, sondern eine Notwendigkeit in jedem Aspekt unseres Lebens.** Ein ständiger Fokus auf die Veränderungserfahrung der Mitarbeiter schafft in jeder Phase des Veränderungsprozesses eine starke Wirkung und führt zu besseren Transformationsergebnissen.

2. **Als Team kannst du viel mehr erreichen!** Falls du dich erst mal nicht traust, alleine eine Herausforderung zu meistern, suche dir Verbündete, ein Team, und du wirst sehen, wie du mit den Gleichgesinnten immer näher an deine Träume herankommst!

3. **Die Erfahrung in neuen Städten bringt dich weiter!** Entdecke neue Länder, neue Sprachen, und du wirst sehen, wie deine Perspektiven sich erweitern. Wie du Inspiration durch Vielfältigkeit sammelst. Breche deine Routine, dein gewohntes Umfeld ist komfortabel jedoch lernst du dich und andere am besten in einem neuen Umfeld kennen.

12

Eisige Erfahrung auf dem Nordkanal – Manchmal folgt man nicht dem Strom, man ist der Strom

EINE NEUE (UND HÄRTERE) HERAUSFORDERUNG: NORDKANALÜBERQUERUNG

Manchmal schwimmt man nicht nur mit dem Strom – man ist Teil des Stroms.

Mein Team und ich waren weniger als einen Monat von unserem Kanal-Teamschwimmen entfernt, und plötzlich fand ich mich in einer noch größeren Prüfung wieder: „Mad Turks", das 5-köpfige Schwimmteam des Nordkanals. Drei Mitglieder meines Teams für das Schwimmen im Ärmelkanal, Emre Deliveli, Yasemin Bagana, die erste türkische Frau, die

Gibraltar durchschwommen hat, und Prof. Raha Akhavan, waren im Nordkanal, um den Solo-Versuch unseres Trainers für den Ärmelkanal, Kamil Resa Alsaran, zu unterstützen, und nahmen auch am Teamschwimmen teil. Kamil, ein zweifacher Ärmelkanal- und Triple Crown-Schwimmer (Ärmelkanal, Catalina, Manhattan), würde wahrscheinlich auch in unserem Team sein.

Die Durchquerung des Nordkanals ist mehr oder weniger die gleiche Strecke wie der Ärmelkanal. Sie gilt jedoch aus zwei Gründen als wesentlich schwieriger: Erstens ist die Wassertemperatur ein paar Grad niedriger; in Dover beispielsweise herrschten Ende Juli etwa 17 Grad, während mir meine Teamkollegen erzählten, dass die Wassertemperatur am Strand von Donaghadee in den letzten Tagen etwa 12 bis 14 Grad betragen hatte. Außerdem stechen die Löwenmähnenquallen im Nordkanal, oder besser gesagt, sie stechen etwas mehr als die Quallen im Ärmelkanal. Aus diesen Gründen galt der Nordkanal als nicht schwimmbar, und erst 1947 wurde die erste Durchquerung erfolgreich durchgeführt, die nächste folgte erst

1970. Bis heute wurden nur etwa 80 Durchschwimmversuche im Alleingang unternommen, im Vergleich zu etwa 2 400 Durchschwimmversuchen im Ärmelkanal. Der Nordkanal wird von vielen als die schwierigste der sogenannten *sieben Routen des Ozeans* angesehen. Kaltes Wasser, große Quallen, Strömungen und unvorhersehbare Seebedingungen machen diese Route schwierig.

Die Logistik des Schwimmens ist dem Ärmelkanal sehr ähnlich. Man startet in der Nähe der nordirischen Stadt Donaghadee und durchschwimmt den Nordkanal, um in der Regel in der Nähe der schottischen Stadt Portpatrick zu enden. Auch die Regeln für die Durchquerung im Einzel- und im Mannschaftsschwimmen sind recht ähnlich – wie beim Ärmelkanal schwimmen wir zum Beispiel alle eine Stunde lang in einer bestimmten Reihenfolge.

Ich bin am 26. Juli nach Belfast geflogen, um mich meinen Teamkollegen anzuschließen. Für mich war es ein weiterer Schritt auf meinem Weg, diese Herausforderung zu meistern, in kaltem Wasser zu schwimmen und aus meiner Komfortzone herauszukommen. Überraschenderweise war ich im Nordkanal, bevor ich den Ärmelkanal durchschwamm!

Manchmal bringen einen all die Energien dorthin, wo man ist, und man folgt nicht einfach dem Strom, sondern ist Teil des Stroms (Flows) und kann nicht aufgehalten werden.

Als ich in Donaghadee ankam, war es schon spät am Abend. Die Vorhersage sah nicht gut aus. Das Team sagte mir, dass wir vielleicht nicht schwimmen könnten. Ich war enttäuscht und dachte, ich sei umsonst gekommen. Ich hatte viel Geld für ein Last-Minute-Flugticket bezahlt und hart gearbeitet, um meine beruflichen Verpflichtungen zu organisieren, und jetzt sagte man mir, dass ich vielleicht nicht schwimmen könne. Einerseits wollte ich mich dieser Herausforderung mit meinem Team stellen, andererseits hatte ich große Angst. Ich war verwirrt und hatte Schwierigkeiten, meine Gefühle zu ordnen. Am nächsten Morgen wachten wir auf und gingen direkt zum Meer. Als ich die Wassertemperatur maß, waren es 12 Grad Celsius. Das Wasser war eiskalt. Als ich versuchte, ins Wasser zu gehen, begannen meine Füße zu kribbeln, ich spürte Schmerzen auf der Haut, mein Puls erhöhte sich und ich konnte wegen des Kälteschocks nicht richtig atmen. Es war schwierig. Ich schwamm mit meinen Teammitgliedern und folgte ihnen. Nach 20 Minuten wurde ich immer langsamer. Ich hatte Angst vor den giftigen Quallen. In Irland gibt es fünf einheimische Quallenarten: Barrel, Blue, Common (Moon), Compass und Lion's Mane! Die meisten Quallen haben ihre bevorzugten Lebensräume: Löwenmähnenquallen sind im Nordkanal am häufigsten anzutreffen. Sie bevorzugen die kühlen Gewässer der Irischen See, insbesondere vor Dublin. Ich konzentrierte mich darauf, von den Quallen aus dem Weg zu schwimmen, um mich zu schützen. Mein Körper begann vor Kälte zu zittern. Ich fühlte mich sehr schlecht. Geistig schwamm ich, während ich wachsam blieb. Ich hatte Angst vor Quallen und gleichzeitig signalisierte mir mein Körper, dass ich aussteigen sollte. Ich kämpfte mit meinem Verstand und versuchte, positiv zu bleiben und mich zu ermutigen, mindestens eine Stunde zu schwimmen. Wenn wir das Teamschwimmen machen konnten, musste ich bereit sein. Ich versuchte, Selbstbestätigungen zu verwenden, mich auf Lösungen zu konzentrieren, meinen Teammitgliedern zu folgen und meine negativen Gedanken zu stoppen:

„Es ist zu kalt. Wie soll ich die nächsten 30 Minuten schwimmen? Ich will raus aus dem Wasser. Was mache ich hier? Bin ich verrückt? Sind wir verrückt? Das ist wirklich sehr schwierig. Was ist, wenn die Qualle mich berührt, ich mich vergifte und nicht am Mannschaftsschwimmen teilnehmen kann? Was soll ich meinen Eltern sagen? Was soll ich meinem Chef sagen? Das Wasser ist extrem kalt. Ich kann nicht schwimmen, ich werde immer langsamer, verdammt!"

Während mir das alles durch den Kopf ging, sagte eine tiefere Stimme: „Los geht's! Weitermachen! Gib nicht auf! Lass es uns tun! Du kannst es schaffen! Du musst weitermachen und für dein Team bereit sein!" Ich habe eine Stunde absolviert. Dann sind wir direkt nach Hause gefahren und ich habe 40 Minuten lang gezittert und heißen Ingwer-Zitronen-Tee getrunken, um wieder normal zu werden. Ich war demoralisiert. Wie sollte ich das Mannschaftsschwimmen absolvieren, wenn ich nach 20 Minuten so langsam war und meine Finger völlig erfroren? Wir haben gefrühstückt, dann bin ich in mein Zimmer gegangen und habe ein paar Stunden lang mit niemandem gesprochen. Ich habe versucht zu schlafen, aber es ging nicht. Am Nachmittag wollten wir noch eine Stunde schwimmen. Mein Gehirn und mein Körper waren erschöpft und ich fühlte mich unsicher. Nach ein paar Stunden gingen wir raus und liefen zum Strand für die nächste Trainingseinheit. Nach 45 Minuten fing ich wieder an zu zittern, aber diesmal gelang es mir, im Wasser mental stärker zu bleiben. Meine negativen Gedanken wurden weniger und meine positiven Affirmationen wirkten stärker. Ich fühlte mich wieder stark. Die zweite Runde des Tages war definitiv besser als die erste, schockierende Runde gewesen.

Am nächsten Tag machten wir morgens wieder unser einstündiges Training. Am Nachmittag trafen wir uns mit Richard Lafferty, dem Kapitän des Aquaholics-Boots, der sagte, wir könnten am darauffolgenden Tag schwimmen, da das Wetter nun besser sei. Das bedeutete, dass wir am Montagmorgen gegen 4 Uhr früh mit dem Schwimmen beginnen und es abends beenden würden. Wegen einer frühen Projektbesprechung in London hatte ich am nächsten Tag einen Flug um 6 Uhr. Ich fühlte mich also unter Druck und betete, dass alles gut gehen würde.

Ich war sehr nervös, aber ich war froh, dass wir wenigstens schwimmen konnten und ich nicht mit leeren Händen zurückkehren würde.

Wir kauften Lebensmittel für das Boot, bereiteten alles vor und aßen früh zu Abend. Zu Hause war es ruhig. Alle waren nervös. Unser Trainer Kamil wollte am selben Tag alleine schwimmen, was bedeutete, dass wir ein Teamschwimmteam von 4 statt 5 Personen hatten. Es war gut, dass ich mitkam, sonst wären wir nur zu dritt gewesen und das Schwimmen wäre für sie viel schwieriger gewesen.

Die Nacht war kurz. Ich konnte nicht richtig schlafen, weil ich ängstlich, besorgt und nervös war. Ich habe viel gebetet und versucht, mich zu beruhigen. Ich habe Wim-Hof-Atem- und Visualisierungsübungen gemacht.

Um 3 Uhr morgens schrillte der Wecker. Es war Zeit zu gehen. Meine Tasche war fertig. Wir frühstückten schnell – Porridge mit Honig, Nüssen, Banane und heißem Ingwertee. Ruth Mccomiskey, eine Krankenschwester aus Bangor und Teil unseres Unterstützungsteams, mit einer wunderbaren, positiven Persönlichkeit, holte uns ab und brachte uns zum Yachthafen. Kapitän Richard, Carmen Marquezaguilar vom Unterstützungsteam und unser offizieller Beobachter waren bereits dort. Wir lernten uns gegenseitig kennen und planten die nächsten Schritte. Carmen ist Spanierin und ein gutmütiger, sympathischer Mensch. Ruth erzählte mir, sie habe ein Sommerhaus in Datça, meinem Paradies auf Erden. Das Team war perfekt. Sie motivierten uns von Anfang an, brachten uns zum Lächeln und reduzierten unseren Stress. Das Schwimmen begann mit Emre um etwa 6 Uhr morgens. Raha übernahm die zweite Runde und ich die dritte Runde. Als ich ins Wasser sprang, bekam ich keine Luft. Das ist die erste Reaktion des Körpers, wenn er ins eiskalte Wasser geht und einen Schock bekommt. Nach 20 Minuten trank ich heißes Kohlenhydratpulver, und das Betreuungsteam schrieb motivierende Worte auf eine Tafel, während ich schwamm. In so kaltem Wasser mit gefährlichen Quallen braucht man echte Motivation und Unterstützung.

Fange mit kleinen Schritten an, fokussiere dich auf die kleinen Meilensteine und motiviere deinen Geist auf dem Weg zum grossen Ziel

Man muss mental warm bleiben und sich auf gute Gedanken konzentrieren. Das Whiteboard hat mir sehr geholfen, stark zu bleiben. Ruth und Carmen haben gesungen und getanzt; sie haben alles getan, um unsere Stimmung positiv zu halten.

Eine Botschaft auf dem Whiteboard kann ich nicht vergessen: Carmen hat ein Schnellboot namens „Sea Line" gezeichnet. Ruth und Carmen versuchten, mich mit dieser Zeichnung zu motivieren, und es hat wirklich funktioniert. Die zweite

Botschaft kam von meiner Mutter: „Meine Meerjungfrau, ich bin bei dir, ich schicke dir meine Liebe." All diese Botschaften hielten mich bei Laune; die Mahlzeiten halfen mir sehr, eine Stunde in kleinere Stücke zu zerlegen und weiterzuschwimmen.

Auch in unserem normalen und unternehmerischen Leben ist es immer wichtig, ein großes Ziel in kleine Teile zu zerlegen. Dann denkt man nicht an die gesamte Herausforderung, sondern hat das Gefühl, dass man sie Schritt für Schritt besser bewältigen kann.

Ich bin noch nie in meinem Leben so geschwommen. Wir waren wegen der Quallen immer auf der Hut. Normalerweise kann man, wenn man eine lange Strecke schwimmt, in einem Stück schwimmen und vorankommen, ohne nach links und rechts zu schauen oder nachzudenken. Man folgt einfach dem Boot und das war's. Aber bei diesem Schwimmen haben wir jeden Moment nach den Quallen Ausschau gehalten, denn früh am Morgen schien die Sonne nicht. In der zweiten und dritten Runde kam die Sonne heraus, und so kamen die Quallen näher an die Oberfläche. Ich hatte ein großes Dilemma: Ohne die Sonne war es sehr kalt. Als ich jetzt schwamm, wärmte die Sonne meine Haut. Aber als die Sonne herauskam, stieg die Gefahr von Quallen. Ich wusste nicht, was ich mir wünschte: Sonne mit Quallenrisiko oder eine kältere Herausforderung ohne Sonne. In der zweiten Runde des Schwimmens gab es sehr viele Feuerquallen. Ich hatte das Gefühl, mich in einem Minenfeld zu befinden.

Als ich nach der ersten Stunde Schwimmen aus dem Wasser kam, konnte ich nicht einmal meinen Badeanzug wechseln. Mein Körper zitterte wie verrückt, und meine Teamkolleginnen

Yasemin und Raha halfen mir, warme Kleidung anzuziehen und heißen Ingwer-Zitronen-Tee zu trinken. In solchen Extremsituationen braucht man die ganze Unterstützung und Motivation seines Teams. Diese einschneidende Erfahrung hat gezeigt, wie gut Teamwork funktioniert. Die erste Stunde nach dem Schwimmen ist die schlimmste, weil man nicht nur versucht, seinen Körper wieder auf Vordermann zu bringen, sondern sich auch auf die zweite Runde vorbereiten muss. Gleichzeitig muss man seinen Teamkollegen im Wasser unterstützen. Es ist ein Marathon, und bei einer so langen Distanz braucht man ein hohes Maß an Ausdauer, sowohl geistig als auch körperlich.

Nach der dritten Runde fühlte ich mich sehr müde und kalt und hoffte, dass ich nicht wieder ins Wasser gehen musste. Schließlich sahen wir die schottische Küste und ich war dankbar, dass wir für die vierte Runde nicht wieder ins Wasser gehen mussten. Unser Team zeigte eine gute Leistung; wir waren schnell und schafften die Strecke in 12 Stunden. Wir durften am Ende alle gemeinsam ans Ufer schwimmen.

„WOHER KOMMT IHR? WIR SIND VON IRLAND NACH SCHOTTLAND GESCHWOMMEN!"

Wir hatten das Glück, einen wunderschönen Strand in der Nähe von Portpatrick zu erreichen. Als wir den Strand erreichten und den Sand fühlten, war die Welt unser. Eine Frau, die in einer Hütte direkt am Strand wohnte, kam heraus und fragte uns, woher wir kämen. Wir erzählten ihr, dass wir von Irland nach Schottland geschwommen waren! Sie konnte es kaum glauben. Auch sie war begeistert, machte Fotos von uns, machte ein paar Selfies mit uns und teilte unseren kurzen Moment der Freude mit uns. Wir sahen auch einen wunderschönen Wasserfall am Strand – es war einer der magischsten Momente unseres Lebens. Als Team stärkten wir unsere Beziehung durch solch einschneidende Erlebnisse und erkannten, wie stark wir zusammen waren. Wir kehrten zum Boot zurück und feierten unseren Erfolg. Parallel dazu brach Kamil Resa Alsaran den Guinness-Rekord, vollendete sein Solo und wurde der älteste Mann, der den Nordkanal durchschwamm.

Wir kamen gegen Mitternacht zu Hause an. Mein Flug ging um 6 Uhr morgens, so dass ich nur drei Stunden Schlaf hatte, bevor ich zum Flughafen fuhr. Um 9:30 Uhr hatte ich eine Besprechung, so dass ich direkt vom Flughafen ins Büro fuhr. Es war ein sehr seltsames Gefühl. Ich fühlte mich wie ein Fisch auf dem Trockenen. Ich fühlte mich auch wie ein Soldat, der den Krieg gewonnen hatte, aber sein normales Leben weiterführte, als ob nichts geschehen wäre. Ein paar Tage lang nahm ich mir Zeit, über die immersive Erfahrung nachzudenken, um meinen Körper und meinen Geist ins Gleichgewicht zu bringen, um mich normal zu fühlen.

DEIN GEHIRN IST DEINE GRENZE.

Diese Erfahrung hat mir gezeigt, dass man sein Ziel trotz seiner Ängste verfolgen muss. Dein Gehirn ist deine Grenze. Halte dich nicht auf, verfolge deine Ziele und du wirst in deinem Leben magische Dinge erleben! Beginne noch heute damit, aktiv zu werden und deine Träume zu verwirklichen, um magische Erfolge zu erzielen!

„Nichts ist unmöglich!" Es gibt keine Grenzen für das, was du erreichen kannst, außer den Grenzen, die du dir in deinem eigenen Denken setzt. Nichts kann dich aufhalten!

ZUSAMMENFASSUNG:

1. **Manchmal schwimmt man nicht nur mit dem Strom** – man ist Teil des Stroms. Manchmal bringen dich alle Energien dorthin, wo du bist, und du folgst nicht einfach dem Fluss, du bist Teil des Flusses und kannst nicht aufgehalten werden.

2. **Dein Gehirn ist deine Grenze.** Du musst dein Ziel trotz deiner Ängste verfolgen. Dein Gehirn ist deine Grenze. Halte dich nicht auf, verfolge deine Ziele und du wirst magische Dinge in deinem Leben erleben! Beginne noch heute damit, magische Erfolge zu erzielen und deine Träume zu verwirklichen!

3. **„Nichts ist unmöglich!"** Es gibt keine Grenzen für das, was du erreichen kannst, außer den Grenzen, die du dir in deinem eigenen Denken setzt. Nichts kann dich aufhalten!

13

die Transformation von der Komfortzone in die Entwicklungszone – Staffelschwimmen im Ärmelkanal – Schwimmen für einen guten Zweck

Nach der Erfahrung der Komfortzone im Nordkanal wusste ich, dass es für uns alle einfacher sein würde, mit dem kalten Wasser im Ärmelkanal zurechtzukommen. Im Vergleich zum Nordkanal ist das Wasser im Ärmelkanal 3 bis 4 Grad wärmer und es gibt keine giftigen Quallen. Ich fühlte mich also weniger nervös und hatte das Gefühl, meine Komfortzone in die Entwicklungszone erweitert zu haben, ich fühlte mich selbstbewusster, erfahrener und befähigt, diese Herausforderung anzunehmen. Genau das passiert, wenn man sich neuen

Herausforderungen in seinem Privat- oder Geschäftsleben stellt. Je mehr du aus deiner Komfortzone heraustrittst, desto mehr erweiterst du deinen Raum für Wachstum – denn wenn du eine ähnliche Herausforderung in deinem Leben zum zweiten Mal erlebst, fühlst du dich entspannter.

HARMONIE SPIELT IMMER EINE GROSSE ROLLE IN UNSEREM LEBEN

Während dieser Zeit hielt ich über WhatsApp Kontakt zu meinen Channel- und North Channel-Teammitgliedern. Es gibt so viele WhatsApp-Gruppen und manchmal verliert man den Überblick über all die Nachrichten. Es war gerade so ein Tag, ich war sehr beschäftigt und hatte viel zu tun, als ich merkte, dass unser Team nun aus 5 statt aus 4 Teilnehmern bestehen würde. Ich war schockiert, denn das bedeutete, dass ich vielleicht zwei statt drei Runden schwimmen würde. Ich war wütend und fragte meine Mannschaftskameraden, warum sie eine solche Entscheidung getroffen hatten, ohne mich vorher zu konsultieren.

Wir führten einige Diskussionen, und nach einigem Schriftverkehr beschloss Darren, eines unserer Teammitglieder, das Team zu verlassen. Dann beschloss auch Emre, das Team zu verlassen.

Es war eine verrückte Situation. Innerhalb weniger Tage wurden wir von einem 4er-Team zu einem 5er-Team und dann zu einem 3er-Team. Ein 3er-Team bedeutete, dass wir viermal im eiskalten Wasser schwimmen mussten.

Mein Stresspegel war bereits hoch. Eine neue Aufgabe in London, eine neue Umgebung, neue Kollegen und vor allem das Schwimmen gingen mir durch den Kopf. Und nun wechselte das Team wenige Wochen vor dem Schwimmen und wir versuchten, unsere persönlichen Probleme zu lösen. Was für eine Woche! Bei einem Mannschaftsschwimmen muss man allen Teammitgliedern vertrauen und in völliger Harmonie sein, um sich gegenseitig zu unterstützen. Ein paar Tage später rief mich Emre an und sagte, dass er doch wie geplant mit uns weitermachen würde. Jetzt waren wir wieder ein 4er-Team wie geplant, aber es gab eine Veränderung in unserem Kader. Darren war nicht mehr im Team und stattdessen Yasemin, mit der wir im Nordkanal geschwommen waren, dabei.

Wir waren schon seit einiger Zeit auf der Suche nach einer Wohltätigkeitsorganisation, die unser Schwimmen im Ärmelkanal unterstützen könnte. Nach reiflicher Überlegung entschieden wir uns für die Association for Supporting Contemporary Life (ÇYDD) und beschlossen, Geld für sie zu sammeln. Diese Nichtregierungsorganisation führt Bildungsprojekte in der Türkei durch, insbesondere für die Bildung von Mädchen. Mit unserer Schwimmaktion „Du kannst auch eine Kerze anzünden" wollten wir Geld für ihre Universitätsstipendien sammeln. Diese Initiative gab uns einen guten Zweck. Unser Schwimmen war nicht mehr nur für uns, sondern auch für junge Türken, die es sich nicht leisten können, zu studieren.

DOVER: TAG 1, 21. AUGUST 2019

Ich kam in Dover an und traf mich mit meinen Teamkollegen im Churchill Guest House, einem schönen Ort in der Nähe des Strandes. Einer meiner Teamkollegen, Emre Deliveli, wollte zunächst in der Einzelwertung schwimmen, bevor er sich unserem Teamschwimmen anschloss, und unser Team würde wahrscheinlich am nächsten Tag „außerhalb unserer Komfortzone" schwimmen. Zwischen diesen beiden Schwimmzügen würden wir nur drei Stunden schlafen. Wir würden auch auf dem Solo-Boot sein, um ihn zu unterstützen und mit ihm zu schwimmen. Den härtesten Teil hätte natürlich Emre, der mehr als 12 Stunden ununterbrochen schwimmen und dann mit uns in der Mannschaft schwimmen würde. Im Hotel trafen wir eine Gruppe von Mexikanern, die an der Überquerung des Ärmelkanals teilnehmen wollten: Fiona Gomez Counahan, Mutter von zwei Jungen, war dort, um alleine zu schwimmen. Nora Toledano, die berühmte mexikanische Schwimmerin, die die Oceans Seven, das schwimmerische Äquivalent zu den Seven Summits, absolviert hatte, war dabei, um sie zu betreuen. Auch Esteban Riva Palacio und Jose Ignacio Nacho waren da, um ihre Mutter zu unterstützen. Ich war sehr gerührt, als ich sie sah, und hoffte, dass alles gut gehen würde und dass Fiona den Ärmelkanal sehen würde.

Am Nachmittag gingen wir an den Strand und trainierten eine Stunde lang. Das Wasser war etwa 18 Grad warm. Ich hatte das Glück, mit Nora zu schwimmen und wir schwammen 4 Kilometer in 65 Minuten. Nach unserem Schwimmen habe ich sie für meine Website interviewt.

Unser Teamschwimmteam „Out of Our Comfort Zone" Emre Deliveli, Raha Akhavan und Yasemin Aisha, Yasemin Bagana und unser Trainer Kamil Resa Alsaran freuten sich darauf, am Freitag den Kanal zu überqueren! Ich sollte gegen 15 Uhr mit dem Schwimmen beginnen, und dann würden wir in folgender Reihenfolge weiterschwimmen: Raha, Yasemin, Emre. Wir würden 3 bis 4 Mal im Wasser sein und eine Stunde lang schwimmen.

TAG 2, 22. AUGUST 2019

Wir haben wieder am Strand von Dover Harbour trainiert und das Wasser fühlte sich für mich kälter an. Es war kabbelig und windig. Dann kauften wir alles ein, was wir für das Schwimmen brauchten: jede Menge Wasser in Flaschen, Tee, Schokolade, Sandwiches, Schmerzmittel, Energydrinks, Honig und jede Menge Snacks. Am Abend sagte uns der Kapitän, dass wir unsere Pläne ändern müssten. Wenn man sich entschließt, im Ärmelkanal zu schwimmen, muss man fast immer auf Überraschungen gefasst sein. Man kann die Natur nicht kontrollieren, und das bedeutet Wellen, Strömungen, Wind und vieles mehr. Deshalb bleiben viele Leute während eines 7-Tage-Fensters in Dover, ohne zu wissen, an welchem Tag sie schwimmen werden. Der neue Plan sah vor, dass Emre am Freitag alleine schwimmen würde und unser Teamschwimmen am Sonntag stattfinden würde. Das war eigentlich eine gute Nachricht für uns, denn so konnten wir uns zwischen dem Einzelschwimmen und dem Teamschwimmen mindestens 20 Stunden ausruhen.

Tag 3, Donnerstag: Tagsüber waren wir wieder mit Nora schwimmen. Danach gingen wir wieder einkaufen, schliefen ein bisschen und nach dem Abendessen versuchten wir noch einmal, 2 Stunden zu schlafen, bevor wir zum Start nach Dover Marina fuhren. Es war aufregend und natürlich waren wir ein bisschen nervös. Wir waren ein tolles Team und gemeinsam waren wir stärker. Unser Teamkollege Emre würde heute Abend starten! Wir würden unsere Herberge um 1:15 Uhr morgens verlassen.

Bei dieser gemeinsamen Reise geht es nicht nur ums Schwimmen. Es geht vielmehr um mentale Stärke, um Zusammenarbeit, gegenseitige Unterstützung und um die Stärke eines Teams.

Tag 4, 24. August 2019: Emre Deliveli ist ein „Ärmelkanalschwimmer!"

Es war ein anstrengender und außergewöhnlicher Tag! Wir verließen das Gästehaus um 1:15 Uhr und fuhren zum Hafen von Dover. Emre Deliveli startete seinen Solo-Schwimmzug um ca. 3 Uhr morgens. Wir haben ihn als Team unterstützt und sind jeweils eine Stunde mit ihm ins Wasser gegangen. Am Anfang waren wir alle seekrank, außer unserem Trainer Kamil. Emre erreichte Frankreich in 15 Stunden und 41 Minuten! Auf seinen letzten Metern durfte eine Person mit ihm nach Frankreich ans Ziel schwimmen. Kamil wollte schwimmen, aber dann schaute er mir in die Augen und sah, wie sehr ich darauf brannte, die letzten Meter zu schwimmen und mit Emre auf diese Reise zu gehen. Und er sagte mir, ich solle ins Wasser gehen. Ich hatte diese Reise mit Emre begonnen, ich hatte beschlossen, den Ärmelkanal mit ihm zu durchschwimmen, und ich musste mit ihm im Wasser sein. Das war ein bedeutender Moment für mich. Ich konnte nicht nein sagen und sprang ins Wasser. Es gab eine Reihe von Regeln zu befolgen:

- Nicht berühren
- Ich durfte hinter oder neben dem Schwimmer schwimmen.
- Es war verboten, vor dem Schwimmer zu schwimmen.

Es war schwierig, mein Tempo zu kontrollieren, es entsprechend anzupassen und zu verlangsamen. Als wir uns dem Strand näherten, wollte Emre mich umarmen, aber ich versuchte, Abstand zu halten, um ihn zu schützen, sonst hätte er disqualifiziert werden können. Als er den Strand erreichte, ging ich zu ihm und umarmte ihn. Ich war stolz auf ihn und glücklich, dass seine Reise erfolgreich zu Ende gegangen war. Schwimmen ist ein individueller Sport, aber diese Reise mit Emre und meinen Mannschaftskameraden hat mich gelehrt, mich um andere zu kümmern, mich über den Erfolg anderer zu freuen, Momente zu teilen und uns gegenseitig zu unterstützen, mehr denn je. Was für ein inspirierendes Beispiel. Er hat erst vor zwei Jahren mit dem Schwimmen begonnen und den Ärmelkanal durchquert. Ein Beispiel für Hingabe, Konzentration und harte Arbeit.

TAG 5, 26. AUGUST 2019: WIR SIND STAFFEL-ÄRMELKANALSCHWIMMER!

Wir starteten um 4:30 Uhr morgens und ich hatte die Chance, als erste Schwimmerin von der Dunkelheit zum Tageslicht zu schwimmen. Ich habe meinen ganzen Körper mit Vaseline eingerieben. Es war stockdunkel und der Kapitän sagte mir, ich solle zum Ufer schwimmen, aus dem Wasser steigen und dem Boot zuwinken. Danach würde der offizielle Start erfolgen. Ich war sehr nervös und aufgeregt zugleich. Ich wollte ins Wasser springen, aber ich konnte das Ufer nicht sehen. Der Skipper schaltete sein Licht ein und zeigte mir die Richtung des Strandes. Ich begann im Dunkeln zu schwimmen und erreichte das Ufer. Ich hörte die Sirene des Bootes und begann zu schwimmen. Es war ein sehr magischer Moment. Ich fühlte mich sehr frei und stark. Die Natur gab mir Kraft und ich war dankbar, dass ich meinen Traum verwirklichen konnte. Das Team war da, der Trainer war da und alles lief wie am Schnürchen. Alles wurde wahr. Ich sah die Sonne langsam aufgehen und konzentrierte mich auf sie. Ich spürte ein Stück Natur in mir.

Nach mir gingen Raha Akhavan, dann Yasemin Bagana und schließlich Emre Deliveli ins Wasser. Jeder von uns ging viermal ins Wasser, und die Wassertemperatur betrug etwa 18 bis 19 Grad. Nach der Erfahrung im Nordkanal konnten wir sagen: „schön warm." Wir hatten wirklich Glück mit dem Wetter, die Sonne schien die ganze Zeit und unsere Stimmung war wirklich gut. Emre, der vor zwei Tagen solo geschwommen war, war noch etwas müde, aber er hat trotz der Schmerzen alles für sein Team gegeben. Kamil Resa Alsaran hat immer auf uns aufgepasst und uns unterstützt.

Die letzte Strecke durften wir als Gruppe zum Strand schwimmen. Wir machten ein Selfie am Ufer und schwammen dann zurück zum Boot.

Wir überquerten den Ärmelkanal von Dover bis zum Kap Gris-Nez, dem engsten Punkt zwischen Frankreich und England, in 11 Stunden und 41 Minuten. Es war eine wunderbare Erfahrung. Mein Team und ich spürten, wie sich unsere Komfortzone nach der Erfahrung im Nordkanal erweiterte. Wir waren stolz auf uns und feierten unseren Erfolg mit Champagner. Diese Momente waren alles wert. Ich werde nie vergessen, wie wir uns am Strand umarmt haben. Außerdem konnten wir Spenden für eine der größten NRO in der Türkei sammeln.

SICH SELBST ZU TRANSFORMIEREN IST DER HÄRTESTE JOB DER WELT

Die Vorbereitung auf diese Reise und meine Erfahrungen haben mich für mein Berufsleben inspiriert. Bei dieser Reise ging es nicht nur ums Schwimmen. Es ging vielmehr um mentale Widerstandsfähigkeit, darum, seiner Leidenschaft zu folgen, sich gegenseitig zu unterstützen, als Team stärker zu werden, während man eine individuelle Veränderungserfahrung durchläuft, und sein Potenzial zu entdecken. In meinem Berufsleben verändere ich Unternehmen, indem ich Veränderungsprojekte leite, und durch diese Erfahrung spürte ich meinen eigenen individuellen Veränderungsprozess. Ich erkannte, dass es eigentlich viel schwieriger ist, mich selbst zu verändern als andere. Jede Veränderungserfahrung beginnt und endet in unserem individuellen Veränderungsprozess.

ZUSAMMENFASSUNG:

1. **Der Zusammenhalt spielt in unserem Leben immer eine große Rolle.** Bei jeder Herausforderung muss man allen Teammitgliedern vertrauen und in völliger Harmonie sein, um sich gegenseitig in der richtigen Weise zu unterstützen.

2. **Schwimmen ist ein individueller Sport, aber diese Reise war eine reine Teamarbeit!** Das Schwimmen mit meinen Mannschaftskameraden hat mich gelehrt, mich um andere zu kümmern, mich über den Erfolg anderer zu freuen, Momente zu teilen und einander mehr denn je zu unterstützen.

3. **Sich selbst zu verändern ist die schwierigste Aufgabe der Welt.** Mir ist klar geworden, dass es eigentlich viel schwieriger ist, mich selbst zu verändern als andere. Jede Erfahrung von Veränderung beginnt und endet in unserem individuellen Veränderungsprozess.

4. **Der Schlüssel zum Erfolg im Teamschwimmen liegt nicht nur im Schwimmen.** Bei dieser gemeinsamen Reise geht es nicht nur ums Schwimmen. Es geht vielmehr um mentale Stärke sowie um Zusammenarbeit, gegenseitige Unterstützung und Stärke als Team.

14

Die Weltmeisterschaft mit einer Glasscherbe im Knochen – Mexiko Dezember 2019

Ende September hatte ich nach einem morgendlichen Schwimmbadbesuch in Frankfurt auf dem Heimweg einen Fahrradunfall: Ich stieß mit einem anderen Fahrrad zusammen und stürzte schwer. Mein Fuß begann zu bluten. Ich spürte einen tiefen Schmerz in meinem Knochen und fing an zu weinen. Das war ein Schockmoment für mich. Mit so einem Unfall hatte ich nicht gerechnet, aber zum Glück hatte ich keinen Bruch. Ich ging in die Notaufnahme, wo man meinen Fuß röntgte und nichts in meinem Knochen sah. Am Ende haben sie meinen rechten Knöchel mit ein paar Stichen genäht. Alles sah gut aus. Ich ging jede Woche zur Kontrolluntersuchung, und nach ein paar Wochen wurden die Fäden entfernt. Sechs Wochen später besuchte ich meinen Freund auf der Insel Usedom und beschloss, laufen zu gehen. Ich lief von Usedom nach Polen, aber danach spürte ich starke Schmerzen im Fuß. Mir wurde klar, dass mit meinem Fuß noch immer etwas nicht stimmte. Aber gleich nach dem Laufen ging ich in 8 Grad kaltes Wasser und vergaß die Schmerzen.

Im Laufe des Tages spürte ich, dass wirklich etwas nicht stimmte. Ich ging erneut zum Arzt, und dieses Mal wurde mein Fuß mit einer Magnetresonanztomographie (MRT) untersucht. Sie sahen etwas wie einen Nagel in meinem Knochen, aber niemand war sich sicher. Ich dachte: „Ist das ein Witz?" Die Ärzte waren sich nicht sicher; sie konnten den Fremdkörper nicht identifizieren. Sie untersuchten ihn erneut mit einer anderen Methode. Schließlich sagten sie, dass, was auch immer es sei, es entfernt werden müsse – ich müsse operiert werden. Als ich die Nachricht erhielt, war ich am Boden zerstört, denn die Operation bedeutete, dass ich die Oceanman-Weltmeisterschaften im Dezember in Mexiko verpassen würde. Ich hatte mich für die Meisterschaften qualifiziert, nachdem ich im Mai in Alanya den dritten Platz im 10-Kilometer-Freiwasserrennen der Frauen belegt hatte (erste in meiner Altersklasse, erste unter den Türken). Ich beschloss, die Operation zu verschieben und nicht aufzugeben: Ich habe mit den Ärzten gesprochen, und es schien nur ein sehr geringes Risiko zu bestehen, wenn ich die Operation verschieben würde. Es bestand zwar ein geringes Risiko einer Infektion, aber dieses Risiko konnte ich in Kauf nehmen. Der Wunsch, an den Weltmeisterschaften teilzunehmen, war größer als meine Angst. Ich hoffte, dass mein Fuß bis Mexiko wieder in Ordnung sein würde; trotz der chronischen Schmerzen in meinem Fuß trainierte ich weiter. Selbst in dieser Situation erinnerte ich mich daran, stark zu sein, niemals aufzugeben und immer zu lächeln. Es ist schwierig, sich in solchen Situationen zu motivieren. Mit Risiko und Schmerzen leben. Manche Leute könnten denken? Warum tust du das, ist es das wert?

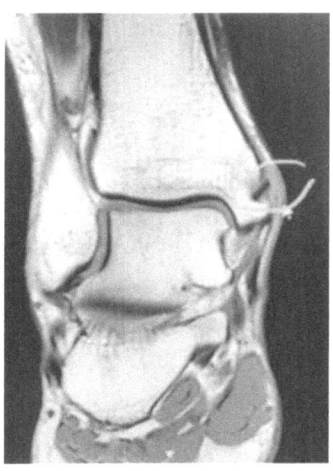

Erfolg ist eine Reise, nicht ein Ziel. Die Reise selbst ist wichtiger als das Ergebnis. Gib nicht auf!

Ich dachte ja ich folgte immer noch meiner Leidenschaft und hoffte, dass alles klappen würde und ich endlich wieder einen gesunden Fuß haben würde. Ich wusste nicht, wie das Rennen verlaufen würde, aber das war mir egal. Wichtig war, dass ich mit so vielen wunderbaren Menschen aus der ganzen Welt unterwegs war.

Niemals aufgeben und an sich selbst glauben, immer lächeln und den Mut haben, weiterzumachen.

Ein paar Wochen später flog ich nach Mexiko. Die Oceanman-Weltmeisterschaftsserie wurde 2019 in 16 Ländern ausgetragen und ist eine der größten Freiwasserschwimm-Meisterschaften der Welt. Ich habe so viele tolle Menschen aus allen Ecken der Welt kennengelernt. Fast alle Schwimmer waren im selben Hotel untergebracht. Meine Mitschwimmer aus der Türkei waren da, ebenso wie Esteban aus Mexiko, den ich in Dover kennengelernt habe. Ich habe mich sehr wohl gefühlt, es war, als würde man seine Großfamilie an einem Ort treffen und Spaß haben, tolle Momente und Leidenschaft teilen. Es war eine tolle Organisation und ein großartiger Teamgeist.

Vor dem Rennen hatten wir viel Spaß mit unserer Schwimmgruppe und besuchten einige Sehenswürdigkeiten. Wir fuhren zur Isla de Mujeres (Fraueninsel), nach Chichen Itza, der berühmtesten aller großen Maya-Städte, und auch nach Tulum, wo wir wunderschöne Ruinen mit Blick auf die Karibik sahen. Nach Tulum verbrachten wir etwas Zeit am nahe gelegenen Paradise Beach.

GROSSES FINALE – FULL OCEANMAN 10 KM

Am Tag vor dem Rennen hatten wir eine Zeremonie, bei der unsere Länder vorgestellt wurden, und eine Rennbesprechung. Leider fühlte ich mich sehr krank und schwach, ich hatte Magenprobleme, eine Grippe und chronische Schmerzen in meinem Fuß. Alle Symptome kamen zusammen. Trotz der Schmerzen beschloss ich zu schwimmen, ich nahm starke Medikamente, ich wusste, dass es nicht das Gesündeste war, was ich vor dem Rennen tun konnte, aber ich hatte keine Wahl. Ich wollte einfach nur an diesem großen Finale teilnehmen und glaubte, dass ich meinen Körper und meine Schmerzen gut genug in den Griff bekommen würde, um an dem Rennen teilzunehmen und es zu überleben.

Die 10 Kilometer lange Strecke war gut geplant. Wir sind die erste Hälfte des Rennens gegen die Strömung geschwommen, und es war schwierig, mit dem heißen Wasser und dem Wetter fertig zu werden. Die Wassertemperatur lag bei 27 Grad und die Lufttemperatur bei 29 Grad. Nach 1,5 Stunden fing ich an, Schmerzen im Körper zu spüren. Die Schmerzmittel ließen nach und mein Fuß tat weh. Aber die Schwimmstrecke war toll. Ich sah schöne Fische und schwamm mit anderen Schwimmern. Ich versuchte, mich auf die Schönheit zu konzentrieren und nicht auf das, was ich in meinem Körper spürte. Nicht allein im Wasser zu sein und die Natur zu spüren, motivierte mich und gab mir die Kraft weiterzumachen. Die Strömung war sehr stark und kostete mich meine ganze Energie. Der Rückweg war viel einfacher, aber ich war dehydriert und fühlte mich krank. Ich versuchte, mich zu konzentrieren, indem ich die schönen Häuser am Strand beobachtete und mit den beiden Mexikanern neben mir schwamm. Ich folgte den roten Bojen, aber es war schwer, die Ziellinie zu sehen. Einer der mexikanischen Schwimmer begann mich zu überholen, ein Zeichen dafür, dass ich immer langsamer wurde. Zum Glück hatte ich ein Energie-Gel dabei, das ich in den letzten Minuten aufbrauchte. Ich beendete das Rennen nach 3 Stunden und 11 Minuten. Als ich aus dem Wasser kam, konnte ich nicht laufen; mein rechtes Bein tat sehr weh. Zum Glück gab mir der Geschäftsführer von Oceanman, Fermin Egido, der wie ich Psychologe und sportbegeistert ist, Eis für mein Bein. Der türkische Pilot und Ironman Özkan Dizar, der in seiner Altersklasse den 5. Platz belegte, gab mir Wasser und eine Banane. Ich war wirklich am Ende meiner Kräfte, aber ich war froh, diese Erfahrung gemacht zu haben und beendete das Rennen als siebtschnellste Frau in meiner Altersklasse. Trotz der Schmerzen und des Durstes war es jede Sekunde wert gewesen! Ich war stolz darauf, trotz dieser Bedingungen die 7. schnellste Frau der Welt zu sein.

Nach dem Rennen und nach Weihnachten wurde ich operiert – ein Stück der Lampe des Fahrrads steckte in meinem Knochen. Was für ein verrückter Unfall!

Trotz aller Hindernisse, folge deiner Leidenschaft – teile deine Leidenschaft und erlebe die Erfahrung!

ZUSAMMENFASSUNG:

1. **Erfolg ist eine Reise, nicht ein Ziel.** Die Reise selbst ist wichtiger als das Ergebnis. Gib nicht auf! Gib niemals auf und glaub an dich selbst, lächle weiter und hab den Mut, deinen Weg fortzusetzen. Genieße jeden Moment auf deiner Reise. Sei dir bewusst, dass du einige Höhen und Tiefen erleben wirst. Akzeptiere diese und genieße weiterhin deine Reise.

2. **Folge trotz aller Hindernisse deiner Leidenschaft – teile deine Leidenschaft und erlebe sie!** Das Ziel ist nicht immer, die Nummer eins zu sein; manchmal liegt der Erfolg darin, den Kurs zu halten und die Erfahrung zu genießen. Beurteile dich nicht immer nach den Ergebnissen! Beurteile dich nach deiner Einstellung, deinen Bewältigungsstrategien und der Art und Weise, wie du mit der Situation umgehst! Dein Körper, deine Seele und dein Geist werden dir sagen, was zu tun ist und was sich richtig anfühlt.

15

Von einem Ort der Angst zu einem Ort der Entwicklung in Südafrika – Von Deutschland nach Johannesburg, Südafrika

Zusätzlich zu meinen schwimmerischen Herausforderungen war ich auch auf der Suche nach Erfahrungen außerhalb meiner Komfortzone in meinem Beraterleben. Verschiedene Projekte, verschiedene Kunden und neue Herausforderungen sind immer spannend. Aber völlig neue Kulturen kennenzulernen und in einer für einen selbst völlig neuen Umgebung zu leben, ist die beste Erfahrung, die man sich wünschen kann.

Deshalb habe ich mich Anfang 2019 für einen internationalen Einsatz in meinem Unternehmen beworben. Ich brauchte neue Perspektiven in meinem Leben, neue Quellen der Inspiration. Ich recherchierte verschiedene Büros, kontaktierte lokale Partner und hatte viele Vorstellungsgespräche auf der ganzen

Welt. Meine Reise zu den Vorstellungsgesprächen begann in Sydney, dann in Singapur und schließlich in New York. Ich wartete einige Monate auf die Antworten, und während meines Change-Management-Projekts in London lernte ich Kate Skinstad, Senior Managerin aus Johannesburg, kennen. Sie riet mir, mich in Südafrika zu bewerben, und vermittelte mir die wichtigsten Kontakte. Das war Schicksal. Ich hatte nie über Südafrika nachgedacht, sondern wollte immer nur nach Australien, Asien oder in die Vereinigten Staaten gehen.

Nachdem sie mir die Kontakte vermittelt hatte, dachte ich, dass dies ein spirituelles Zeichen sein könnte, dem ich folgen sollte. Außerdem hatte ich nichts zu verlieren und wollte diese Chance nutzen. Ich setzte mich mit dem südafrikanischen Geschäftspartner in Verbindung, und innerhalb von zwei Wochen meldete er sich bei mir und sagte, dass ihm mein Profil gefalle und dass wir einen Weg finden könnten, mich nach Südafrika zu bringen. Da ich das Meer liebe und leidenschaftlich gern im offenen Meer schwimme, wollte ich nach Kapstadt, aber das Angebot galt für Johannesburg, wo das Geschäft meines Unternehmens am aktivsten ist. Viele meiner Freunde sagten mir, es sei verrückt, mein gutes und sicheres Leben in Frankfurt am Main zu verlassen und nach Südafrika zu gehen, insbesondere nach Johannesburg. Ich war in meiner Komfortzone in Deutschland, aber ich wollte aus dieser Komfortzone herauskommen, indem ich in eine der gefährlichsten Geschäftsstädte der Welt ging. Johannesburg war meine Angstzone. Für mich war es ein unzuverlässiger Raum, in dem ich nicht wusste, wie ich mit bestimmten Situationen umgehen sollte, in dem ich keine verlässlichen Menschen und die Motive der Stadt erkennen konnte. Wo alles neu war, wo man neue Regeln befolgen und neue Verhaltensmuster zeigen musste.

Ich bin als Expat nach Südafrika gekommen, um für mein Unternehmen große Veränderungsprojekte zu leiten. Viele Leute haben nicht verstanden, warum ich in Johannesburg, einer der gefährlichsten Städte der Welt, bleiben wollte.

IST JOHANNESBURG DIE GEFÄHRLICHSTE STADT DER WELT?

Die Bevölkerung Südafrikas besteht aus einer einzigartigen Mischung aus Afrikanern, Europäern und Asiaten, die eine oder mehrere der 11 Amtssprachen sprechen. Von der südafrikanischen Gesamtbevölkerung von rund 57 Millionen sind 44 Millionen schwarze Südafrikaner, 4,6 Millionen sind gemischtrassig und 1,3 Millionen sind indischer oder asiatischer Herkunft. Die weiße Bevölkerung besteht aus 4,8 Millionen (8 % der Gesamtbevölkerung) und stammt hauptsächlich von niederländischen, deutschen, französischen und britischen Kolonialmigranten ab. Laut dem Kriminalitätsindex 2020 von Numbeo ist Südafrika **das drittgefährlichste Land der Welt und hat vier der zehn gefährlichsten Städte der Welt**. In einer Stadt mit der weltweit am schnellsten ansteigenden AIDS-Rate stellt diese hohe Kriminalitätsrate eine zusätzliche erschreckende Dimension dar. Und es gibt nicht viel, was die Polizei tun kann. Die Wahrscheinlichkeit, in Johannesburg ermordet oder vergewaltigt zu werden, ist deutlich höher als in fast allen anderen Städten der entwickelten Welt. Die

Wahrscheinlichkeit, , überfallen, festgehalten, oder zu werden, ist ebenfalls sehr viel höher: Es gibt etwa 300 Raubüberfälle pro Tag. In Johannesburg gibt es aufgrund erheblicher Ungleichheiten große Spannungen zwischen den Bürgern.

Als ich mich entschloss, nach Johannesburg zu kommen, bot mir mein Unternehmen ein spezielles Sicherheitstraining an und gab mir viele Checklisten mit spezifischen Regeln, die ich beachten sollte.

Eine meiner Willkommens-E-Mails enthielt eine Zusammenfassung einiger Sicherheitstipps:

Sicherheitstipps für Südafrika

Willkommen im Regenbogenland Südafrika. Diese Sicherheitstipps dienen Ihrer Sicherheit und der Ihrer Angehörigen. Diese Tipps sollen Ihnen helfen, nicht Angst machen. Lesen Sie sie also bitte sorgfältig durch, aber geraten Sie nicht in Panik!

Allgemeine Sicherheitstipps

- Erregen Sie keine unnötige Aufmerksamkeit, indem Sie Bargeld, teuren Schmuck, Kameras und andere Wertgegenstände offen zur Schau stellen.
- Tragen Sie Ihre Brieftasche, Kreditkarten, Ihren Reisepass und andere Reisedokumente in Ihren Innen- und Vordertaschen.
- Tragen Sie keine großen Geldbeträge bei sich, insbesondere keine ausländischen Währungen.

- Meiden Sie fremde, dunkle, schlecht beleuchtete oder abgelegene Orte.
- Vermeiden Sie Reisen und Erkundungen auf eigene Faust.

SICHERHEITSTIPPS FÜR KRAFTFAHRZEUGE

Befolgen Sie die oben genannten allgemeinen Sicherheitstipps, die auf Sie zutreffen.

Denken Sie daran, dass, wie überall auf der Welt, Ihre persönliche Sicherheit in einem Fahrzeug weitgehend von IHNEN abhängt. Achten Sie auf die folgenden Punkte:

- Vergewissern Sie sich, dass alle Fenster vollständig geschlossen sind.
- Vergewissern Sie sich, dass die Türen verriegelt sind.
- Vergewissern Sie sich, dass die Getriebesperre beim Parken eingerastet ist.
- Vergewissern Sie sich, dass die Alarmanlage eingeschaltet ist.
- Vergewissern Sie sich, dass Wertsachen weggeschlossen sind – auch während sie reisen!
- Planen Sie Ihre Route im Voraus.
- Vergewissern Sie sich, dass Sie genügend Treibstoff haben und dass Ihr Fahrzeug in einem verkehrssicheren Zustand ist.
- Legen Sie den Sicherheitsgurt an, verriegeln Sie die Türen und schließen Sie die Fenster.

- Seien Sie an Ampeln und Stoppschildern vorsichtig. Lassen Sie um das Fahrzeug herum genügend Platz für eine schnelle Flucht.
- Parken Sie nachts in gut beleuchteten Bereichen. Wenn Sie zu Ihrem Auto zurückkehren, halten Sie Ihre Schlüssel bereit, um Ihr Auto zu entriegeln.

Auf der Strasse

- Gehen Sie nach Möglichkeit in Gruppen durch die Straßen und bleiben Sie auf gut beleuchteten, belebten Straßen.
- Achten Sie auf Ihre Umgebung, seien Sie wachsam.
- Gehen Sie auf dem Bürgersteig oder mit Blick auf den Gegenverkehr. Meiden Sie Gassen und dichtes Gebüsch.
- Benutzen Sie, wann immer möglich, Kreditkarten statt Bargeld.
- Vermeiden Sie es, sich bemerkbar zu machen.
- Vermeiden Sie es, allein zu laufen oder Rad zu fahren, und planen Sie Ihre Route bei Nacht im Voraus. Gestalten Sie Ihren Tagesablauf abwechslungsreich.
- Wenn Sie ein Taxi benutzen wollen, bietet Ihnen Ihr Hotel oder die örtliche Touristeninformation einen zuverlässigen Service.

Was sie im Notfall tun und was sie nicht tun sollten

- Geraten Sie nicht in Panik. Überlegen Sie sich die Dinge gut. Versuchen Sie, sich aus der Situation herauszureden.
- Leisten Sie keinen Widerstand, es sei denn, Sie wissen, dass Sie durch Widerstand entkommen können.

- Wenn Sie sich instinktiv körperlich wehren wollen, ziehen Sie sich nicht zurück.
- Wenn die Umstände es erfordern, dass Sie sich nicht wehren, konzentrieren Sie sich darauf, die Beschreibung des Angreifers und andere wichtige Merkmale zu notieren.
- Im Falle eines Diebstahls oder Raubes tun Sie, was Ihnen gesagt wird. Diskutieren Sie nicht mit dem Angreifer, fordern Sie ihn nicht heraus und schauen Sie ihm nicht direkt in die Augen. Halten Sie Ihre Hände ruhig und sichtbar. Wenn Sie Ihren Sicherheitsgurt abschnallen müssen, fragen Sie zuerst.
- Sie können Ihre Wertsachen oder Ihr Fahrzeug ersetzen, aber nicht Ihr Leben.

Wie würdest du dich nach dem Lesen dieser Willkommens-E-Mail fühlen?

Die erste Frage bei der Sicherheitsschulung lautete: Warum Johannesburg? Ist Ihnen klar, was Sie erwartet?

Ich war etwas nervös und antwortete: „Ja, ich denke schon." Nach diesem Gespräch fühlte ich mich nervös, aber ich hatte mehr Respekt vor dem Ort, an den ich gehen würde. Ich dachte: „Wenn andere Menschen dorthin gehen und dort leben können, warum nicht auch ich? Wenn andere das können, kann ich es auch." Und ich war aufgeregter als je zuvor, weil ich wusste, dass es eine völlig neue Erfahrung sein würde, und das war genau das, was ich wollte: Neue Erfahrungen außerhalb meiner Komfortzone, um neue Impulse, neue Inspirationen für mein Leben zu bekommen. Auch wenn es in meinem Angstbereich lag, wusste ich, dass ich mit meinen Ängsten umgehen und mich in dieser neuen Umgebung wohlfühlen würde.

FEBRUAR 2020 - MEINE ERSTEN WOCHEN

Als ich in Johannesburg ankam, war ich sehr ängstlich. Der Fahrer der Firma holte mich ab und ich musste meine Hausschlüssel im Büro abholen. Als wir dort ankamen, hatte ich Angst, allein ins Büro zu gehen. Ich bat den Mann, mich überall hinzubegleiten, bis ich mein Haus erreicht hatte. Dann schloss ich alle Türen ab und versteckte meinen Laptop und meine Tasche im Haus, falls jemand kommen und etwas stehlen wollte. Ich fühlte mich paranoid. Ich hatte auch Angst, allein ins Büro zu gehen. Ich rief einen Kollegen an und fragte ihn, ob er mich abholen könnte, damit wir zusammen ins Büro gehen konnten. Ich fühlte mich buchstäblich wie ein kleines Kind, das nicht allein auf die Straße gehen kann. Das war sehr seltsam, denn normalerweise bin ich ein Freigeist und habe keine Angst, nachts allein auf die Straße zu gehen.

Wenn ich einkaufen ging, versteckte ich immer meine Tasche und war immer wachsam. Das Autofahren war eine weitere Herausforderung. Ich war es gewohnt, rechts zu fahren. Mein erstes Projekt war im öffentlichen Verkehr in Pretoria. Ich leitete ein Umbauprojekt und musste an meinem dritten Tag zu dem Kunden in Pretoria fahren. Als ich das erste Mal mit 60 km/h auf der linken Straßenseite fuhr, war ich sehr nervös. Nach ein paar Tagen fühlte ich mich entspannter als am ersten Tag.

Geplante Stromausfälle waren ebenfalls an der Tagesordnung. Das bedeutet, dass der Strom in der Stadt zu bestimmten

Tageszeiten abgeschaltet wurde. Während geplanter Stromausfälle funktionierten die Ampeln nicht. Es war auch schwierig für mich, Auto zu fahren, ohne zu wissen, wann das passieren würde.

Die Arbeitskultur war eher beziehungsorientiert, was der türkischen Kultur ein wenig ähnelte. Daher hatte ich keine großen Schwierigkeiten, mich daran zu gewöhnen.

VON DER ANGSTZONE ZUR ENTWICKLUNGSZONE

Ich beschloss, schnell Kontakte zu knüpfen, um Menschen kennenzulernen, mit denen ich das schöne Land erkunden und gemeinsam etwas unternehmen konnte. Die Kontakte zu meinen Clubhausnachbarn Darren, Dünyel Mcwade, Marcos Sousa, Mie Maya Mia, Kerry, Meltem und Tonguc in meinem Komplex waren ebenfalls sehr nützlich. Es ist mir gelungen, in kurzer Zeit ein schönes, buntes Netzwerk aufzubauen.

Ich gewöhnte mich auch daran, auf der linken Straßenseite zu fahren und mit dem Verkehr klarzukommen, auch wenn die Ampeln nicht funktionierten. Ich schloss mich einem der besten Fitnessstudios in Sandton und dem Sandton Seal Swimming Club an. Ich begann zu trainieren und konnte innerhalb weniger Wochen mein Leben organisieren. Nachdem ich mir ein Netzwerk aufgebaut hatte, Orte zum Trainieren und sichere Orte gefunden hatte, an denen ich Freunde treffen und einkaufen konnte, fühlte ich mich viel wohler.

JUNI 2020, DREI MONATE SPÄTER

Nach drei Monaten fing ich sogar an, morgens auf der Straße zu laufen. Ich erweiterte meine Komfortzone und fühlte mich zu Hause. Ich hatte keine Angst mehr und fühlte mich unter Kontrolle.

Alles, was ich in den Medien gehört oder gesehen hatte, stimmte zum Teil, aber ich war auch überrascht von dem schönen und angenehmen Leben hier und genoss jede Sekunde meiner Zeit in Johannesburg. Ich fühlte mich stärker als je zuvor. Hätte ich meinen Ängsten nachgegeben, wäre ich nicht in der Lage gewesen, in dieses wunderschöne Land zu kommen und zu erleben, was es mir zu bieten hat. In dem Maße, in dem ich mich meinen Ängsten stellte und der Stadt eine Chance gab, fühlte ich mich stark und wohl. Ich sah, dass nichts so schlimm war, wie man denkt, in den Medien sieht oder von anderen hört.

MAN MUSS IMMER DEN MUT HABEN, ETWAS ZU ENTDECKEN, UND DER ZAUBER WIRD SICH VON SELBST OFFENBAREN

Diese Stadt und alle meine Erfahrungen in Südafrika haben mir eine völlig neue Perspektive auf mein privates, soziales und berufliches Leben gegeben. Manchmal suchen wir nach der Magie in der Aussenwelt, aber die größte Magie ist die eigene Veränderung. Man lernt sich selbst ein wenig besser kennen und entdeckt, was man tun kann. Das ist die wahre Magie, die es dir ermöglicht, noch mehr faszinierende Momente in deinem Leben mit deiner Familie, deinen Freunden und Kollegen zu erleben.

ZUSAMMENFASSUNG:

1. **Von der Angstzone zu der Entwicklungszone:** Wenn du den Mut hast, dich deinen Ängsten zu stellen und Risiken einzugehen, wird das Leben dir andere Dimensionen zeigen, um deine Perspektive zu erweitern, Neues zu lernen und in den Bereich der Entwicklung vorzustoßen, der nicht mehr deine Komfortzone ist.

2. **Hab immer den Mut zur Entdeckung, und die Magie wird sich offenbaren.** Beschränke dich nicht in deiner Komfortzone. Erforsche neue Dimensionen und Kulturen, und sei offen für neue Orte.

3. **Manchmal suchen wir die Magie im Außen, aber die größte Magie ist deine eigene Verwandlung.** Lerne dich selbst ein wenig besser kennen und entdecke, was du tun kannst. Das ist die wahre Magie, die es dir ermöglicht, noch mehr faszinierende Momente in deinem Leben mit deiner Familie, deinen Freunden und Kollegen zu erleben.

16

Sich seinen Ängsten zu stellen und sie zu überwinden, indem man ihnen nachgeht und seine Grenzen überwindet

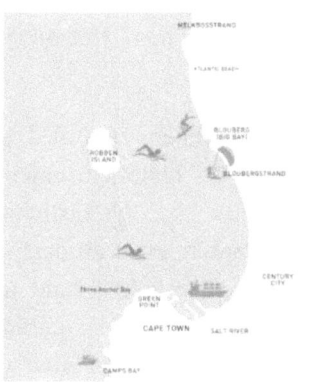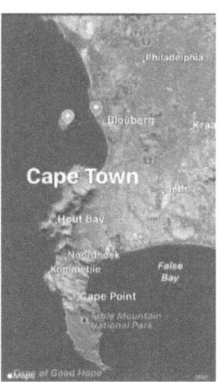

VON ROBBEN ISLAND NACH KAPSTADT IM HAIFISCHGEBIET

Hab keine Angst, aus deiner Komfortzone herauszutreten und dich deinen Ängsten zu stellen. Der Wunsch, die Entschlossenheit und das Eingehen von Risiken trotz

der Möglichkeit des Scheiterns machen dich stärker und bringen dich in deiner Entwicklung voran.

Das Leben in Johannesburg lag bereits außerhalb meiner Komfortzone, aber mit dem Schwimmen auf Robben Island gelang es mir, eine noch größere Erfahrung außerhalb meiner Komfortzone zu machen.

Ich wollte noch weiter aus meiner Komfortzone herausgehen und meinen Entwicklungsbereich erweitern. Ich beschloss, das Schwimmen auf Robben Island zu versuchen, eine der anspruchsvollsten Freiwasserstrecken der Welt. Diese Strecke ist berühmt für ihr eiskaltes Wasser und die großen weißen Haie. Robben Island ist eine Insel in der Tafelbucht, etwa 7 bis 8 Kilometer westlich der Küste vom Bloubergstrand, Kapstadt, Südafrika, und war das Gefängnis, in dem Nelson Mandela viele Jahre lang inhaftiert war.

Ich hatte schon immer Angst vor Haien, und fast jeder in meinem Umfeld wollte mich davon abhalten, mich dieser Herausforderung zu stellen: „Es ist gefährlich. Ohne Kältetraining wird es schwierig werden. Hast du den Verstand verloren, weißt du, dass es dort Haie gibt?" und ähnliche einschränkende Aussagen. All diese einschränkenden Überzeugungen wirken sich auf unser Leben aus, und ich verwende diese Schwimmerfahrung als Metapher: Hör nicht auf die einschränkenden Gedanken anderer. Je mehr du dich deinen Ängsten stellst, desto freier, stärker und widerstandsfähiger fühlst du dich.

Durch meinen Freund Raymond de Villiers, einen Futuristen, der seinen Kunden hilft, sich selbst zu verändern, habe ich den besten

Mann gefunden, der mir helfen konnte, diese Herausforderung zu meistern. Ryan Stamrood, der Motivationsreden hält, hält den Weltrekord darin, diese Strecke 109 Mal zu schwimmen. Ich kontaktierte ihn und bat ihn, mit mir zu schwimmen. Wir trafen uns in Kapstadt zu einem Testschwimmen in der Big Bay. Er war eindeutig schneller als ich. Ich meldete mich bei der Big Bay Swimming Association an und besorgte mir einen Sharkbanz (magnetisches Haiabwehrmittel), von dem ich hoffte, dass er mich vor den Weißen schützen würde. Der Sharkbanz ist ein Gummiband, das einem FitBit-Armband ähnelt – es stört die Haie, indem es ein Magnetfeld auf ihre Elektrorezeptoren ausübt, mit denen sie erkennen, was im Wasser ist.

Ein paar Wochen später ging ich in Kapstadt schwimmen. Der erste Tag war im Wasser war eiskalt. Die Wassertemperatur betrug 12 Grad. Nach einer halben Stunde stieg ich aus dem Wasser und zitterte 40 Minuten lang. Ich war sehr demoralisiert. Wie konnte ich 2,5 Stunden lang in diesem Wasser schwimmen, wenn ich es nicht einmal schaffte, länger als 30 Minuten zu bleiben?

Ich hatte nicht genug Training für dieses Schwimmen in kaltem Wasser. Man sollte nicht so lange Strecken in so kaltem Wasser schwimmen, wenn man nicht genug Training hat. Aber ich habe mich mental vorbereitet und gehofft, dass sich das Wasser in den nächsten 24 Stunden etwas erwärmen würde. Zum Glück war es so. Am Samstagmorgen kontrollierten wir die Wassertemperatur, und sie lag bei 15 Grad. Also beschlossen wir, schwimmen zu gehen. Die Wetterbedingungen waren nicht besonders gut. Es gab keine Sicht und keine Sonne. Wir konnten nicht einmal die Insel sehen. Aber nachdem ich erfahren hatte, dass die Wassertemperatur 15 Grad betrug, vertraute ich mir selbst, Ryan, der Mannschaft und dem Ablauf. Ich konzentrierte mich einfach auf unser Ziel und blendete alle negativen Gedanken aus.

Wir fuhren mit dem Boot nach Robben Island. Wir konnten die Insel nicht einmal sehen, und der Kapitän schaltete das GPS ein, um sicherzugehen, dass wir in die richtige Richtung fuhren.

Als wir auf der Insel ankamen, sah ich den braunen Seetang. Ich hatte Angst, ins Wasser zu gehen. Es war dunkel, kalt und beängstigend. Ryan sprang ins Wasser, und ich folgte ihm. Wir mussten zu den Felsen in Ufernähe gelangen, um einen offiziellen Start zu machen. Ich war so froh, dass ich Ryan folgen konnte, denn seine Anwesenheit minderte meine Angst vor der Herausforderung. Als wir an den braunen Algen vorbeischwammen, fühlte ich mich entspannt und fing an, das Schwimmen zu genießen. Ich verließ mich auf den Haischutz und dachte nicht einmal an die Weißen. Das Schwimmen dauerte 2 Stunden und 28 Minuten, und ich genoss jede Sekunde davon. Alle 30 Minuten trank ich heißes Kohlenhydratpulver, um die Wärme in meinem Körper zu spüren und Energie für das extrem kalte Wasser zu bekommen. Während unseres Schwimmens sahen wir mehrere Robben. Ich dachte auch, ich hätte einen Delfin gesehen, mein Lieblingstier. Ryan schwamm immer neben mir, aber er war schneller. Er schwamm Kreise um das Boot und mich, um seine Körpertemperatur zu halten. Jedes Mal, wenn er bei mir war, fühlte ich mich motiviert und bekam zusätzliche Kraft, um weiterzumachen. Ja, es war kalt. Ja, es war hart. Ich kann das Glücksgefühl nicht beschreiben, das ich empfand, als ich einen Ruderer neben uns sah. Als der Beobachter unseres Begleitbootes mir ein paar Minuten zuvor gesagt hatte, dass wir fast am Ufer waren, hatte ich es nicht geglaubt und gedacht, er würde das nur sagen, um mich zu motivieren. Doch der Ruderer bewies, dass wir uns dem Ufer näherten. In diesem Moment glaubte ich, dass wir fast am Ziel waren. Das dunstige Wetter erlaubte es uns nicht, den Strand und den Tafelberg zu sehen. Als ich dann den Sand unter meinen Füßen spürte, war das für mich wie die Welt. Mein Freund Kumar Uptal aus Johannesburg, ein erfolgreicher Vertriebsleiter, der ursprünglich aus Indien stammt, war da, um mich zu unterstützen, und wartete mit einer Tasse heißer Schokolade auf mich. Carina Bruwer, berühmte Freiwasserschwimmerin, renommierte Flötenvirtuosin und Gründerin der international bekannten Instrumentalgruppe Sterling EQ, wartete ebenfalls mit einem Handtuch auf uns. Ich hatte Carina in der Türkei beim Aquamasters Swimming Cup kennen gelernt, und es war toll, sie in einem so besonderen Moment wiederzusehen und ihre Unterstützung und Begeisterung zu spüren. Viele Leute schauten zu und gratulierten uns. Ich war stolz darauf, die erste türkische Frau zu sein, die diese Strecke geschwommen ist, und ich habe trotz meiner Angst und Unsicherheit durchgehalten.

Diese Erfahrung außerhalb meiner Komfortzone hat mir wieder einmal bewiesen, dass ich mehr tun kann, als ich dachte. Ich habe das Risiko des Scheiterns auf mich genommen. Ich habe mich dieser Herausforderung ganz allein gestellt, ohne vertraute Freunde, Familie oder Kollegen, die ich seit Jahren kenne. Ich glaube, das Universum hat mein soziales Umfeld geschaffen, um mir in kurzer Zeit zu helfen. Es war großartig, Kumar zur Unterstützung dabei zu haben. Zum ersten Mal hatte ich keine Erwartungen an die Unterstützung durch mein vertrautes Umfeld. Ich war bereit, mich dieser Herausforderung allein zu stellen, aber ich war noch überraschter, als er mir sagte, dass er mich unterstützen wolle und dass er plane, ein Buch über die Inspiration zu schreiben, die er auf meiner Reise verspürt habe. Ryan schwamm mit mir, Monene Murray, eine Beraterin, Trainerin und leidenschaftliche Kaltwasserschwimmerin aus Südafrika, die ich in der Türkei kennen gelernt hatte, gab mir wertvolle Tipps und schwamm am Vortag mit mir. Alle guten Dinge und Menschen kamen zusammen und am Ende ging alles gut.

ZUSAMMENFASSUNG:

1. **Folge immer deiner Leidenschaft. Dein Gehirn und deine Gedanken sind deine Grenzen.**

2. **Durchbrich deine Komfortzone und einschränkende Glaubenssätze.** Erweitere deine Komfortzone, reduziere deine Angstzone und entdecke dich selbst. Geh das Risiko des Scheiterns ein. Du bist mehr, als du denkst!

3. **Sei gestärkt!** Verlangen, Entschlossenheit und Risikobereitschaft trotz der Möglichkeit des Scheiterns machen dich stärker und treiben deine Entwicklung voran.

17

Die Ausgangssperre in Südafrika – Covid-19

Nach dem Schwimmen auf Robben Island flog ich von Kapstadt zurück nach Johannesburg. Am Flughafen sah ich mehr Gesundheits- und Sicherheitsbestimmungen als sonst. Jeder trug Masken, und überall sah man Handdesinfektionsmittel. Covid-19 war ein weltweites Thema, aber für mich schien es in Südafrika weit weg zu sein.

Natürlich hat COVID 19 auch Südafrika betroffen. Innerhalb von drei Wochen waren alle Restaurants geschlossen, das Restaurant in meinem Wohnkomplex war geschlossen, das Fitnessstudio war geschlossen, der Pool war geschlossen, die Geschäfte waren geschlossen, das Büro war geschlossen, also alles, was ich mit Menschen in Johannesburg genoss, war geschlossen.

Der Virus, den wir bekämpften, zwang uns alle, zu Hause zu bleiben. Das bedeutete: keine geselligen Veranstaltungen mehr, kein Schwimmen, kein Joggen. Es gab fünf Stufen der Ausgangssperre. In den ersten 35 Tagen waren wir auf Stufe 5, und wir durften nicht einmal spazieren gehen oder in unserem Komplex Alkohol trinken. Der Höhepunkt des Tages war für mich ein kurzer Spaziergang zum Mülleimer in meinem Wohnkomplex, um den Müll herauszubringen. Auf Ebene 4 durften wir von 6 Uhr morgens bis 9 Uhr morgens laufen. Wir durften nur für grundlegende Einkäufe wie Lebensmittel oder ärztliche Behandlungen rausgehen. Nicht lebensnotwendige Dinge wie Alkohol trinken und Rauchen waren verboten. Nach 19 Uhr war eine Ausgangssperre verhängt. Auf Stufe 3 durften wir ohne Zeitbeschränkung laufen und es gab keine Ausgangssperre nach 19 Uhr. Wenn ich in Kapstadt gewesen wäre, hätte ich vielleicht am Strand spazieren gehen, vielleicht sogar schwimmen gehen können, aber hier in Johannesburg gab es nur wenige Möglichkeiten zum Spazierengehen, Schwimmen und Laufen.

Zu Hause zu bleiben war das Beste, was wir tun konnten, um die Ausbreitung von Covid-19 zu verhindern, sowohl für uns selbst als auch für andere Menschen. Die Maßnahmen haben gegriffen, und die Krankheit ist unter Kontrolle. Dennoch war diese Ausgangssperre für mich eine Erfahrung mit einem unangenehmen Raum.

Jeder würde mir zustimmen, dass unser Zuhause unsere ideale Komfortzone ist. Ist es das nicht? Idealerweise sollte es das sein. Ich hätte mir nie vorstellen können, dass ich den Aufenthalt zu Hause als eine Erfahrung betrachten würde, die keine Komfortzone ist.

Mein Zuhause ist zu meiner Komfortzone geworden, in der ich Zeit und Raum finde, um mich zu entspannen, mich zu verjüngen und mich für eine Weile von der Arbeit und dem gesellschaftlichen Leben zu lösen. Es ist ein Ort, an dem ich meine tiefste Energie zurückgewinne, um mich wieder auf den Weg nach draußen zu machen, um Kontakte zu knüpfen, zu arbeiten, Sport zu treiben und Erfahrungen außerhalb der Komfortzone für meine persönliche und berufliche Entwicklung zu machen.

Wir sind von Natur aus soziale Tiere. Menschen aller Kulturen, Rassen, Altersgruppen und Geschlechter haben ein Grundbedürfnis nach sozialen und emotionalen Beziehungen. Wir brauchen auch ein Gleichgewicht.

Während dieser Ausgangssperre haben wir uns selbst daran gehindert, unseren Lieben nahe zu sein oder auszugehen. Einige Menschen haben vielleicht ihren Arbeitsplatz verloren, andere haben Kinder zu Hause und versuchen, produktiv zu arbeiten, während sie sich um ihre Babys kümmern.

Manche haben vielleicht Beziehungsprobleme sitzen zu Hause fest, versuchen, ihre Beziehungsprobleme zu lösen, und versuchen immer noch, für die Außenwelt etwas zu leisten.

Einige sind vielleicht ganz allein, andere sind sport- und naturbegeistert wie ich und können in der Natur nicht richtig trainieren.

All diese Einschränkungen waren eine Herausforderung für uns alle, und das entspricht meiner Definition einer Erfahrung außerhalb der Komfortzone.

Wir haben so viele Dinge für selbstverständlich gehalten: unsere Freiheit, unsere Gesundheit, unsere Lieben an unserer Seite, auf der Straße zu gehen, mit Kollegen zu arbeiten und Pausen einzulegen, mit Freunden zu essen, ein Glas Wein zu trinken und so vieles mehr. Wer hätte gedacht, dass sogar das Schwimmen verboten werden könnte?

Zum ersten Mal in meinem Leben war ich mehr als drei Monate lang nicht geschwommen und saß ganz allein in Johannesburg, weit weg von meiner Familie und meinen Freunden.

Als Stufe 4 erreicht wurde, lief ich jeden Morgen 8 bis 10 Kilometer und begann mit Kraft- und Konditionierungsübungen, um meinen gesamten Körper zu stärken und meine Muskeln zu trainieren. Ich begann, wieder Schmerzen in meinem Knöchel zu spüren, der im Januar operiert worden war. Das Leben stellte unsere Geduld in verschiedenen Bereichen auf die Probe, und der Trick bestand darin, zu versuchen, optimistisch zu bleiben und dankbar für alles zu sein, was wir noch in unserem Leben hatten, insbesondere für unsere geistige und körperliche Gesundheit. Ich beschloss, neue Hobbys auszuprobieren, und begann danach mit Reit- und Tennisunterricht. Diese Erfahrung eröffnete mir neue Dimensionen in meinem Leben und zeigte mir, dass es im Leben immer wieder Überraschungen gibt. Eigentlich müssen wir das Leben nur annehmen.

Pläne können sich ändern und Flexibilität ist der Schlüssel zum Leben

Ich hatte viele Ausflüge in Südafrika geplant, und meine deutschen Freunde Theresa und Andreas, mit denen ich im Münchner Eisbach geschwommen war, wollten mich besuchen. Wir wollten die Garden Route fahren, eine berühmte und wunderschöne 300 Kilometer lange Straße entlang der Südwestküste Südafrikas von Witsand im Westkap bis zur Grenze des Tsitsikamma Storms River am Ostkap. Wir wollten nach Mosambik fahren und mit meinem Freund Tarbi eine Delfin-Bootsfahrt machen. Ich wollte zurück nach Kapstadt, um mit Ryan auf dem Tafelberg zu wandern. Ich wollte sogar nach Mauritius fliegen, um die Sonne und das Meer zu genießen. All diese Pläne fielen flach.

Außerdem hatte ich mich angemeldet, um Manhattan Island in New York im Hudson River zu umschwimmen; diese Strecke war etwa 42 km lang, und es wäre mein erstes langes Soloschwimmen gewesen. Außerdem wollte ich den Catalina-Kanal zwischen Santa Catalina Island und der Palos-Verdes-Halbinsel in Kalifornien durchschwimmen. Unnötig zu sagen, dass alle Pläne abgesagt wurden. Ich musste es akzeptieren, respektieren und einfach im Flow bleiben, wobei ich versuchte, flexibel und optimistisch zu sein.

Herz-Gehirn Kohärenz durch Meditation – Zugriff auf die Intelligenz des Herzens

Wenn Menschen mich beschreiben, sagen sie, dass ich immer in Bewegung bin. Sie sagen auch, dass ich immer etwas tun muss und dass ich nicht lange an einem Ort bleiben kann. Das ist sehr wahr. Aber diese Ausgangssperre hat mich gelehrt, dass ich an einem Ort bleiben und sogar ohne Schwimmen oder meine vertraute Umgebung leben kann. Neben Kraft- und Ausdauerübungen hat mir auch die Meditation geholfen

Ich begann mit Meditationen unter der Leitung von Dr. Joe Dispenza, einem internationalen Dozenten, Forscher, Unternehmensberater, Autor und Pädagogen, der zu Vorträgen in mehr als 32 Ländern auf fünf Kontinenten eingeladen wurde. Er bot während der Ausgangssperre einen kostenlosen 10-Tage-Kurs an, und ich nahm jede Sekunde davon wahr. Die Kombination aus Ausgangssperre und Meditation hat mein Leben verändert. Ich kann in tiefere Ebenen meines Geistes vordringen, ich kann die rechte und die linke Gehirnhälfte gleichzeitig mit meinem Herzen verbinden. Ich versuche, diese Meditation jeden Morgen zu machen, und ich spüre mehr und mehr meine wahre Bestimmung im Leben.

Dr. Joe Dispenza erklärt seine Methode in dem Artikel Accessing heart intelligence auf seiner Website (https://blog.drjoedispenza. com/blog/heart/accessing-the-hearts-intelligence) wie folgt:

„Seit 2013 haben wir große Anstrengungen unternommen, um Einstimmung und Transformation zu messen und zu quantifizieren, und im Mittelpunkt sowohl der Einstimmung als auch der Transformation steht das Verständnis der Rolle des Herzens. Fast jeder kennt die höheren Emotionen des Herzens: Liebe, Mitgefühl, Dankbarkeit, Freude, Einheit usw. Dies sind die Emotionen, die uns erfüllen und uns das Gefühl von Ganzheit, Verbundenheit und Einheit vermitteln, und nicht die Gefühle von Stress, die Gemeinschaften spalten und dem Einzelnen Lebensenergie entziehen. Das Problem ist, dass die erhabenen Emotionen des Herzens oft etwas sind, das zufällig entsteht, das von etwas Äußerem in unserer Umgebung abhängt, und nicht etwas, das wir bei Bedarf erzeugen können. Wenn wir jedoch viele Aspekte des Herzens studieren, stellen wir fest, dass wir unseren inneren Zustand tatsächlich unabhängig von den Bedingungen in unserer äußeren Umgebung regulieren können. Wie die Entwicklung jeder Fähigkeit erfordert auch dies Wissen und Übung.

Wir wissen, dass man, um eine neue Zukunft zu schaffen, eine klare Absicht (harmonisches Gehirn) mit einem erhabenen Gefühl (harmonisches Herz) verbinden muss. Die Absicht oder der Gedanke wirkt wie eine elektrische Ladung und die Emotion oder das Gefühl wie eine magnetische Ladung, so dass wir unsere Energie verändern können, und wenn wir unsere Energie verändern, können wir unser Leben verändern. Es ist das Zusammentreffen der beiden Komponenten, das einen Nettoeffekt auf die Materie zu haben beginnt und unsere Biologie von einem Leben in der Vergangenheit zu einem Leben in der Zukunft bewegt. Nur dann können wir aufhören, Opfer der Umstände zu sein, und beginnen, als Schöpfer unserer Realität zu leben. Dies ist der Prozess, durch den wir eine neue persönliche Realität erschaffen."

Diese Meditation nimmt nicht viel Zeit in Anspruch, nur 30 Minuten, und hat eine große Wirkung. Du kannst sie auch in deinem täglichen Leben durchführen. Wie Dr. Joe Dispenza erklärt: „Suchen Sie sich einen ruhigen Moment in Ihrem Tag und finden Sie Stille in Ihrem Körper und Geist, indem Sie auf Ihre Atmung achten. Jedes Mal, wenn Sie einatmen, lassen Sie ihn langsam wieder ausströmen, richten Sie Ihre Aufmerksamkeit auf Ihr Herz und versuchen Sie dann, diese höheren, erhabenen Gefühle zu kultivieren, die uns mit allem und jedem verbinden. So wie wir unbewusst regelmäßig Angst, Eifersucht, Wut oder Traurigkeit entwickeln, können wir, wenn wir uns jeden Tag darin üben, erhabene Gefühle zu empfinden, wer weiß, vielleicht anfangen, diese Gefühle normal zu empfinden. Wenn unser Herz offen ist, werden wir intuitiver, geduldiger, verbundener, präsenter, verzeihender und wissender. Deshalb sage ich gerne, dass das Gehirn denkt, aber das Herz weiß."

Die Sonne wird bald wieder aufgehen. Der dunkelste Moment der Nacht ist kurz vor der Morgendämmerung.

Wofür kannst du dankbar sein? Die Sonne wird jeden Tag aufgehen. Jedes Mal, wenn wir die Dunkelheit spüren, denken wir daran, dass die Sonne am Morgen wieder aufgehen wird. Ich glaube an die Philosophie von Yin und Yang.

Laut dem Buch „Religions in the Modern World: Traditions and Transformations" von Linda Woodhead, Christopher Partridge und Hiroko Kawanami, 2016, erschafft sich das Universum in der chinesischen Kosmologie aus einem primären Chaos materieller Energie, die in Yin- und Yang-Zyklen organisiert und zu Objekten und Leben geformt wird. Yin ist das rezeptive und Yang das aktive Prinzip, das sich in allen Formen von Veränderung und Unterschieden zeigt, wie etwa im Jahreszyklus (Winter und Sommer), in der Landschaft (Schatten im Norden und Helligkeit im Süden), in der geschlechtlichen Paarung (männlich und weiblich), in der Herausbildung von Frauen und Männern als Charaktere und in der soziopolitischen Geschichte (Unordnung und Ordnung). Dunkelheit und Tageslicht, Glück und Traurigkeit befinden sich im gleichen Zyklus. Ohne Traurigkeit können wir kein Glück empfinden, ohne allein zu sein, können wir die Freundschaft und Liebe anderer nicht schätzen, ohne Schmerz zu empfinden, können wir keinen Trost und keine Dankbarkeit empfinden.

Diese Zeit hat mir das gezeigt, und ich habe begonnen, auch den Schmerz zu schätzen, denn auch durch Schmerz wachsen wir.

Ich habe mit dem Schreiben dieses Buches während der Ausgangssperre begonnen. Ohne diese außergewöhnliche Situation hätte ich die Idee, ein Buch zu schreiben, vielleicht aufgeschoben. Außerdem konnte ich mir darüber klar werden, was ich mehr und was ich weniger in meinem Leben wollte. Diese Zeit gab uns die Möglichkeit, nachzudenken, zu wachsen und dankbar für das zu sein, was wir im Leben haben.

Mit jeder neuen Erfahrung entdeckt man sich selbst und sein Potenzial.

Sei dankbar für alle guten und schlechten Erfahrungen

Ohne schlechte Erfahrungen, ohne Leiden, ohne Scheitern, wirst du nie den richtigen Weg, dein Potenzial, deine wahre Denkweise entdecken. Mit jeder neuen Situation entdeckst du dich selbst, du lernst aus deinen vergangenen Erfahrungen über deine Bewältigungsstrategien, und Schritt für Schritt kommst du weiter. Es gibt keinen Schritt zurück. Das Leben geht weiter, du entwickelst dich mit deinen guten und schlechten Erfahrungen weiter. Akzeptiere sie, liebe sie und genieße deinen Fortschritt.

Meine schwierigen Schwimmerfahrungen, das Familienleben und die Ausgangssperre in Südafrika haben mir die Möglichkeit gegeben, aus meiner Komfortzone herauszutreten und sowohl geistig als auch körperlich zu wachsen. Unser Lebensweg definiert uns, aber wir definieren auch unseren Lebensweg. Denkt immer daran, dass ihr die Macht habt; ihr seid mehr, als ihr denkt, gebt niemals auf. Folgt immer euren Träumen und eurer Leidenschaft. Auch wenn ihr Misserfolge oder schlechte Erfahrungen im Leben macht, seid dankbar dafür. Mit jeder Erfahrung werdet ihr euch auf eurem Weg verbessern und euch mit jedem Tag verändern.

ZUSAMMENFASSUNG

1. **Nimm nichts als selbstverständlich hin.** Deine Freiheit, deine Gesundheit, deine Lieben an deiner Seite, ein Spaziergang auf der Straße, die Arbeit mit Kollegen und Pausen, ein Essen mit Freunden, ein Glas Wein und vieles mehr. Sei dankbar für alles in deinem Leben.

2. **Pläne können sich ändern, sei immer flexibel und versuche, das Beste aus der Situation zu machen.** Akzeptiere, was dir widerfährt und worauf du keinen Einfluss hast. Respektiere es und lass dich einfach treiben, versuche, optimistisch zu bleiben und deine Stimmung gesund zu halten.

3. **Harmonisiertes Herz und Gehirn durch Meditation** – Zugriff auf die Intelligenz des Herzens.

4. **Meditation hilft dir, zur Ruhe zu kommen und darüber nachzudenken, was du in deinem Leben wirklich willst.** Sie hilft dir, dich in schwierigen Zeiten mit deiner Seele zu verbinden. Um eine neue Zukunft zu schaffen, musst du eine klare Absicht (ein harmonisches Gehirn) mit einem erhabenen Gefühl (ein harmonisches Herz) verbinden. Die Absicht oder der Gedanke wirkt wie eine elektrische Ladung und die Emotion oder das Gefühl wie eine magnetische Ladung, so dass du deine Energie ändern kannst, und wenn du deine Energie änderst, kannst du dein Leben ändern.

5. **Vergiss dies nie: Der dunkelste Moment der Nacht ist kurz vor der Morgendämmerung.** Jedes Mal, wenn du dich traurig oder schlecht fühlst, motiviere dich mit dieser Einstellung. Ohne Traurigkeit können wir kein Glück empfinden, ohne allein zu sein, können wir die Freundschaft und Liebe anderer nicht schätzen, ohne Schmerz zu empfinden, können wir keinen Trost und keine Dankbarkeit empfinden.

6. **Sei dankbar für alle guten und schlechten Erfahrungen.** Ohne schlechte Erfahrungen, ohne Leiden, ohne Scheitern, wirst du nie den richtigen Weg, dein Potenzial, deine wahre Denkweise entdecken. Mit jeder neuen Situation entdeckst du dich selbst, du lernst aus deinen vergangenen Erfahrungen über deine Bewältigungsstrategien und gehst Schritt für Schritt weiter. Es gibt keinen Schritt zurück. Das Leben geht weiter.

18

320 km Weltrekordversuch für Gesundheitspersonal

320 KM SCHWIMMEN VON RUSSLAND IN DIE TÜRKEI

Nominiert für den Preis „Leistung des Jahres".

Wenn man diesen Titel liest, ist das Erste, was einem in den Sinn kommt: Das ist Wahnsinn! Wer würde so etwas tun und warum!? Eine 320 km lange Schwimmstrecke von Russland in die Türkei, Tag und Nacht in den unerforschten Gewässern des Schwarzen Meeres mit welligem, stürmischem, unvorhersehbarem Seegang. Von Sotschi nach Giresun, 6 Tage lang, ohne richtigen Schlaf und Ruhe.

Wie kann man das schaffen und wie kann das passieren! Durch die Zusammenarbeit mit einem unglaublichen Team. Jedes einzelne Teammitglied hat eine große Rolle dabei gespielt, dies zu ermöglichen. Es gab ein klares Ziel, eine Vision, eine gemeinsame Leidenschaft! Dieses Ergebnis ist der Beweis für ein enges Engagement, eine Leidenschaft für das Erreichen eines Ziels.

Ausgehend von unseren Zielen und unserem Traumteam werde ich dir Tag für Tag, Moment für Moment von unserem Abenteuer berichten:

Warum sind wir also sechs Tage und sechs Nächte lang geschwommen? Um allen Beschäftigten im Gesundheitswesen auf der ganzen Welt unsere Dankbarkeit zu zeigen!

- Unser Ziel war es, den Angehörigen der Gesundheitsberufe unsere Dankbarkeit zu zeigen. Sie unterstützen uns Tag und Nacht, als würden sie während dieser Pandemie einen Marathon laufen. Dabei ist uns der Wert des Gesundheitspersonals bewusst geworden, das unter schwierigen Bedingungen arbeitet, Opfer bringt, um emotionale und schwierige Situationen zu meistern und unser Leben zu retten. Mit der Vision, ein Zeichen zu setzen, indem wir diese Strecke zum ersten Mal in der Welt schwimmen, haben wir uns trotz stürmischer Nächte Tag und Nacht dem Schwimmen gewidmet und alle Arten von Erschöpfung riskiert, um unsere Dankbarkeit zu zeigen.
- **Der Slogan dieses Marathons lautete:** „Schwimmen im Schwarzen Meer für Weltgesundheitshelfer und Frieden."

Tag für Tag, Nacht für Nacht ... fangen wir an

TAG 1: TREFFEN IN GIRESUN UND PRESSEKONFERENZ

Am 12. Juni erreichten wir Giresun, die Perle des Schwarzen Meeres, eine bezaubernde Küstenstadt, in der sich die Farben Blau und Grün umarmen. In den Tälern von Giresun kann man alle Schattierungen von Grün sehen und hat die Möglichkeit, sich mit der Natur zu verbinden. Wir wohnten im schönen Hotel La Quinta by Wyndham Giresun. Zunächst machten alle Mitglieder einen COVID-19-Test. Die Präventivmaßnahmen und COVID-Anweisungen wurden befolgt.

Das Schwimmteam kannte sich noch nicht so gut, einige von ihnen waren schon einmal geschwommen und hatten das Mittelmeer überquert, aber es gab auch neue Mannschaftskameraden, so dass wir die Zeit nutzten, um uns kennenzulernen, und dann kam das russische Team. Es war großartig, so viele verschiedene Persönlichkeiten zu sehen, die sich auf ein Ziel konzentrierten.

Das Check-up-Team der Marmara-Universität untersuchte unseren physischen und psychischen Zustand vor, während und nach unserem Schwimmmarathon, um die Ergebnisse für eine internationale Forschungsarbeit über Körper und Geist im Sport zu verwenden.

Wir beschlossen zu schwimmen, um uns an das Wasser des Schwarzen Meeres zu gewöhnen und um uns von der langen Reise zu erholen. Es war eine gute Übung. Wir schwammen zur einzigen Insel in Giresun, etwa 2 Kilometer vom Ufer entfernt. Nach dem Schwimmtraining gingen wir zur offiziellen Pressekonferenz. Es war toll zu sehen, wie gut alles vorbereitet war, wir hörten uns die Eröffnungsreden vieler Pressevertreter und lokaler Politiker für die offizielle Sitzung an.

Nach dem Treffen bekamen wir eine Überraschung vom Hotel: Wir aßen am Meer zu Abend mit einem herrlichen Blick auf den Sonnenuntergang und sahen uns eine wunderbare lokale Tanzaufführung an.

Wir genossen es, einander besser kennenzulernen, und es war erstaunlich zu sehen, dass jeder von uns sehr aufgeregt war und viel Adrenalin im Blut hatte. Jeder von uns hatte tolle Erfahrungen im Freiwasser, es war ein einzigartiges Team. Es war wie in einem Traumcamp – eine außergewöhnliche Atmosphäre und ein tolles Gefühl.

Am Abend fand eine Begrüßungszeremonie statt, an der der Gouverneur, der Sportdirektor der Provinz, ein Offizieller des Schwimmverbandes von Giresun, der Dekan der Universität Giresun, der Sportdirektor der Provinz und Abgeordnete aus Giresun teilnahmen.

Dies war unsere letzte Nacht, bevor wir an Bord des Schiffes gingen und ins Ungewisse reisten. Da ich wusste, dass ich nie wieder in absehbarer Zeit so bequem schlafen würde, war ich froh, die Nacht in einem schönen Hotelzimmer mit Meerblick zu verbringen.

Ich versuchte, das Bett, die gemütliche Atmosphäre und den Schlaf zu genießen. Es herrschte Aufregung, es war schwierig, sich zu beruhigen und einzuschlafen. Es gab so viele Gedanken und Fragen in meinem Kopf. Was war mit den Fischen im Meer, den Quallen, den unbekannten Risikofaktoren, meinem Geist und meinem Körper? Wie sah es mit der Wassertemperatur und meiner Leistung aus? Während der Coronazeit konnte ich nicht viel trainieren, und es war schwer, zwei Stunden am Tag mit Höchstgeschwindigkeit zu schwimmen. Außerdem verfolgten mich Gedanken, wie das Wetter sein würde, was wäre, wenn es stürmte, was wäre, wenn ich nicht schlafen könnte, und viele andere Fragen, die es mir noch schwerer machten, tief zu schlafen. Gleichzeitig war ich sehr überrascht von dem Team und der Situation und ich war sehr dankbar und glücklich, Teil dieses großartigen Teams zu sein, und ich war aufgeregt, weil es nun losging.

TAG 2: UNSERE REISE NACH SOTSCHI

Am 2. Tag gingen wir nach dem Frühstück in den Konferenzraum und hatten das Vergnügen, die Motivationsrede von Prof. Turgay Bicer zu hören. Ich bin schon immer ein Fan von ihm gewesen. Er hat das Buch „Peak Performance" geschrieben. Dieses Buch hat mir geholfen, mit meinen Ängsten vor den Schwimmmeisterschaften fertig zu werden. Vor wichtigen Wettkämpfen war ich immer sehr nervös, mir war immer schlecht und ich hatte Fieber, weil ich unter dem Druck stand, meine beste Leistung zu bringen. Meine besten Zeiten schwamm ich immer vor den Wettkämpfen. Am Wettkampftag schwamm ich immer ein paar Sekunden langsamer als im Training. Ich stresste meinen Körper so sehr, dass ich mich selbst sabotierte und bei den Rennen nicht meine beste Leistung erbrachte.

Nachdem ich sein Buch gelesen hatte, begann ich mit Vorstellungsübungen und Meditation und befolgte Prof. Bicer's wertvolle Tipps. Das hat mir sehr geholfen, und dann haben mein Schwimmteam und ich angefangen, seine Techniken anzuwenden, und wir haben alle vor den Wettkämpfen Visualisierungsübungen gemacht. Es war etwas Besonderes für mich, ihn nach all den Jahren vor mir zu sehen und seine Motivationsrede zu hören. Er bereitete uns auf die Herausforderung vor und betrieb ein gewisses Erwartungsmanagement. Er trieb uns geistig und emotional an die Spitze und motivierte uns, unsere innere Stärke zu bewahren und unsere innere Bestimmung zu aktivieren, egal was bei diesem Marathon passiert.

Er stellte eine großartige und entscheidende Frage:

„Warum seid ihr jetzt hier? Was ist euer Ziel?"

Die Frage war für uns nicht einfach. Es gab verschiedene Antworten:

„Um Spaß zu haben. Um zu erforschen. Um Fortschritte zu machen. Um unsere Dankbarkeit zu zeigen."

Meine Antwort war, aus meiner Komfortzone herauszukommen, meine Grenzen und mein Potenzial auszuloten und mich inspirieren zu lassen. Er wusste, dass wir uns immer daran erinnern würden, warum wir es taten und weitermachen würden, wenn wir unser Ziel kennen und unsere Antwort bekommen würden, egal wie schwierig die Herausforderung war.

Er fuhr auch mit einer **Visualisierungsübung** fort. Wir schlossen die Augen und stellten uns vor, wie wir schwammen und schließlich unser Ziel erreichten. Visualisierung und Selbstvertrauen sind wichtig, bevor man sich einer großen Herausforderung stellt. Man muss einander als Team vertrauen, an den anderen glauben und auch an sich selbst glauben und vertrauen. Wenn man zweifelt, kann man sein eigenes Potenzial und das der anderen nicht voll ausschöpfen.

Nach diesen Gruppensitzungen fuhren wir mit Einzelgesprächen fort und reflektierten über unsere Ziele, unsere Stärken und unsere Lernbereiche in der Wachstumszone.

In unserer Einzelsitzung stellte er die folgende Frage und konzentrierte sich dabei auf das Wort „Grenze": „Welche Grenzen?"

Die Grenze gibt es nur in unseren Köpfen!

Er stellte die Frage: Was passiert, wenn man seine Grenzen entdeckt? Wo ist die Grenze?

Ich sagte, ich wüsste nicht, wo die Grenze sei. Die Grenze ist in unserem Geist. Wir nutzen vielleicht nur 10 Prozent unserer tatsächlichen Kapazität. Wir können mehr tun, als wir denken. Je mehr wir körperlich und geistig aus unserer Komfortzone herausgehen und neue Dinge tun, desto mehr nutzen wir unser Potenzial und erweitern unsere Komfortzone.

Nach den Einzelsitzungen aßen wir zu Mittag und verließen dann unsere Hotelzimmer, um mit der Pressearbeit fortzufahren.

Wir fuhren mit unserem Gepäck zur TCSG-DOST, einem großen Küstenwachboot, 100 Meter lang und 12 Meter breit, mit mehr als 70 Matrosen.

Die einzige Möglichkeit, unseren Traum zu verwirklichen war dieses Schiff und diese Besatzung. Die Besatzung kannte die außergewöhnlichen Bedingungen des Schwarzen Meeres, sie beschützte uns, wenn es nötig war, und konnte das gesamte Team von 23 Personen und die gesamte Schiffsbesatzung, insgesamt mehr als 100 Personen, sechs Tage lang verpflegen.

Es war Zeit zu starten. Wir fuhren los nach Sotschi.

Auf dem Weg nach Sotschi haben wir viele Delfine gesehen. Delfine sind meine Lieblingstiere. Sie haben einen hohen EQ (emotionale Intelligenz) und verbreiten Schönheit und Glück in der Welt. Es war toll, sie zu sehen und ihre Energie zu spüren. Das hat uns alle glücklich gemacht!

Die beste Milchstraße aller Zeiten.

Es war die beste Milchstraße, die ich je gesehen habe. Dilek, Pavel, Anton und Burcak freuten sich, diese Schönheit zu sehen, und begannen, sich über philosophische Themen zu unterhalten, die von der Natur inspiriert waren.

Wir erreichten Sotschi früh am Morgen.

TAG 3: ABREISE VON SOTSCHI NACH GIRESUN

10 Stunden später kamen wir in Sotschi an.

Kein Internet, keine Telefonverbindung, nur wir und das endlose Schwarze Meer.

Digital Detox hat begonnen

Zum ersten Mal blieben wir so lange ohne Internet und Mobilfunkverbindung. Keine Anrufe, keine Nachrichten, keine E-Mails, keine sozialen Medien. Nur wir und die Natur. Es fühlte sich sehr einzigartig und irgendwie entspannt an. Wir benutzten unsere Handys nur noch, um Fotos und Videos von unserer Veranstaltung zu machen und um wichtige Notizen zu machen.

Das Schwimmen mit Kursat Tüzmen in Sotschi begann offiziell um 9 Uhr

Das Schwimmen begann um 9 Uhr mit unserem ersten Schwimmer Kürsat Tüzmen, dem ehemaligen türkischen Handelsminister. Wir waren alle sehr aufgeregt und konnten es kaum erwarten, ins schöne Wasser zu steigen. Wir hatten Glück mit dem Wetter, es war sonnig, warm und die Wellen waren gut. Die Reihenfolge der Schwimmer, die Planung der Veranstaltung, die Entscheidung, wer der erste Schwimmer sein würde, die Entscheidung, welche Schwimmer in der Nacht schwimmen würden, die Entscheidung, welche Schwimmer gegen die Strömung schwimmen würden, all das wurde vom technischen Komitee bei der offiziellen Sitzung vor dem Marathon festgelegt.

Um die Sicherheit zu gewährleisten, schwammen wir hinter dem großen Mutterschiff und neben einem kleineren Boot.

Wir sind alle eine Stunde lang geschwommen. Das bedeutet, dass jeder von uns alle 12 Stunden eine Stunde lang schwamm. In den Pausen hatten wir Zeit, unsere Teamkollegen zu beobachten, sie zu motivieren und zu unterstützen, zu essen, zu ruhen und zu schlafen. Jedes Mal, wenn ein Schwimmer ins Meer sprang, unterstützten ihn seine Teamkollegen mit Applaus, und wenn er das Schwimmen beendet hatte, feuerte er den nächsten Schwimmer ebenso an.

Ich war an 7. Stelle und wartete 6 Stunden lang, bis ich an der Reihe war, während ich meine Mitschwimmer beobachtete und motivierte.

Dieses Schwimmen war auch ein medizinisches Experiment

Jedem Schwimmer wurde vor und nach dem Schwimmen Blut und Speichel abgenommen. Blutwerte, Milchsäurewerte, Body-Mass-Index und Körperfett wurden gemessen. Die Marmara-Universität und die Universität Giresun wollten einen offiziellen Bericht über die physischen und psychischen Auswirkungen des Schwimmens auf die Schwimmer verfassen.

Der erste Nachtsturm

In der Nacht gab es einen großen Sturm, und wir mussten aufhören zu schwimmen! Das war sehr frustrierend. Es war die erste Nacht, in der wir geschwommen sind und wir mussten aufhören. Das war keine Überraschung für das Team. Wir hatten es mit einem Sturm zu tun. Sie erklärten uns, dass das Schwarze

Meer wie eine geschlossene Box ist, die für ihre Stürme, Wellen und unvorhersehbaren Wetterbedingungen bekannt ist. Man weiß nie, wann und wie sich das Wetter ändern wird. Es gab drei verschiedene Vorhersagen von drei verschiedenen Wetterquellen. Das Entscheidungskomitee der Organisation hielt eine schnelle Notsitzung ab.

Sie kamen heraus, sahen uns in die Augen und sagten: Sicherheit und Gesundheit stehen an erster Stelle! „Wir werden unser Bestes tun, um die Strecke gesund zu beenden. Also schlaft, erholt euch und wartet auf ein Zeichen von uns am frühen Morgen."

Es war schwer zu schlafen, wenn man das Adrenalin im Körper spürte und nicht wusste, was als Nächstes passieren würde. Das riesige Schiff wackelte und wir hörten den Sturm. Und mit der Ungewissheit, wann es wieder losgehen würde, schaltete unser Körper auf Alarmmodus. Ich wachte um 5.30 Uhr auf, überprüfte das Schiff, das Wetter und schaute, wo alle waren. Ich konnte niemanden sehen, aber wir weckten einen Matrosen und mit ihm den Ausbilder und den Beobachter. Um 7 Uhr wurde beschlossen, weiterzuschwimmen. Es dauerte einige Zeit, um alles für das Sicherheitsboot vorzubereiten. Ich wollte unsere Abzweigung nicht verpassen, aber der Sturm hielt an, und es war verboten, überhaupt hinauszufahren und das Wetter zu prüfen. Das Schiff musste mit minimaler Geschwindigkeit fahren, um seine Stabilität zu erhalten, und um den Motor zu schützen, stabilisierte es unseren Haltepunkt und bewegte sich hin und her …

TAG 4: AUSSERGEWÖHNLICHE DINGE KÖNNEN AUSSERHALB DER KOMFORTZONE PASSIEREN

Wir sind früh am Morgen gestartet, ich bin mittags geschwommen. Wir wollten schneller werden und ich habe mich entschieden, meinen Neoprenanzug zu tragen. Mit einem Neoprenanzug ist man wegen des Auftriebseffekts im Wasser schneller als normal.

Auf dem Weg von Sotschi nach Giresun haben wir wieder viele Delfine gesehen, die uns vom Anfang bis zum Ende des Marathons begleitet haben.

Der magischste Moment war, als unser russischer Schwimmer Pavel ins Wasser sprang.

Eine Delfinfamilie schwamm mit ihm, sie schwammen genau 1 Stunde lang mit ihm. Wir sahen Delfine neben ihm, vor ihm, unter ihm und hinter ihm. Es war sehr beeindruckend. Ich war sehr aufgeregt, dieses einzigartige Szenario zu sehen. Was für ein Glück er hatte. Und es war sein Traum gewesen, mit Delfinen zu schwimmen. Er hat uns wieder einmal gezeigt, dass außergewöhnliche Dinge außerhalb der Komfortzone passieren können und dass man sich seine Träume erfüllen kann! Nach diesem erstaunlichen Schwimmen ernannten wir Pavel zu unserem „Delphinmann".

Später schwammen auch Burçak und Tarkan mit den Delfinen, und wir erlebten magische Momente im Meer. Nur wir und die Natur mit all ihren Schönheiten und schaurigen Momenten während des Sturms. Wir alle spürten, dass wir atmeten, wir spürten unsere Unterstützung füreinander, unsere Liebe zur

Natur, unsere Leidenschaft für das Meer, und egal wie schwer es war, wir gingen unserer Leidenschaft für das Schwimmen nach, mit weniger Schlaf und viel mehr Ungewissheit.

Bei dieser Art des Schwimmens kann es viele Komplikationen geben.

In der Nacht war ich an der Reihe, aber der Motor des Sicherheitsbootes streikte. Das Sicherheitsteam sagte, dass wir nicht mit nur einem Kontrollboot schwimmen durften. Das Schwimmen wurde wieder abgebrochen. Sie sagten mir, ich solle schlafen und um 4.30 Uhr morgens gestärkt wiederkommen. Das war frustrierend für mich. Ich war bereit zu schwimmen und sehr motiviert, aber ich musste mich bremsen, mich beruhigen und auf die nächste Wende warten. Dieser Wettkampf war nicht nur eine schwimmerische Herausforderung, sondern auch eine mentale Herausforderung für uns alle. Es begann mit der Vorbereitungsphase und dem Umgang mit allen äußeren und inneren Faktoren.

TAG 5, 16.06.2021: DAS GEFÜHL DER GANZHEIT – REINE LIEBE …

Ich wachte um 4 Uhr morgens auf und bereitete mich auf das Schwimmen bei Sonnenaufgang vor. Die Wetterbedingungen sahen gut aus. Die Wellen waren immer noch unberechenbar für das bevorstehende Schwimmen. Der Sonnenaufgang sah spektakulär aus. Jedes Mal, wenn ich das Wasser betrat, spürte ich einen anderen Zauber.

Ich wurde zur Natur, die Natur wurde zu mir

Ich wurde zur Natur, die Natur wurde zu mir. Ein einziges, unglaubliches Gefühl. In diesen Momenten spürte ich die Erfüllung und die Verbindung mit dem ganzen Universum und der reinen Liebe. Bei diesem Erlebnis ging es nicht nur um das Schwimmen, es war eine spirituelle Reise für uns alle.

Wir sind alle abwechselnd geschwommen und haben die Aufregung gespürt, Schritt für Schritt dem Ziel näher zu kommen, dem Ziel in Giresun. Wir haben getanzt, gesungen, Sport getrieben, geplaudert, gelacht, Spiele gespielt, geschlafen, uns gegenseitig unterstützt und all diese besonderen Momente geteilt.

Der Sonnenuntergang war wundervoll. Allmählich kam die Internetverbindung und wir konnten schon die Lichter von Giresun sehen. Es wurde dunkel und wir sahen noch mehr Lichter weit weg von uns.

Erstes Nachtschwimmen in Giresun

Ich war ein bisschen nervös, es war völlig dunkel. Ich wartete mit meinen Schwimmkameraden darauf, dass ich an der Reihe war, beobachtete die Sterne und versuchte, mich mental und körperlich vorzubereiten.

Alle im Team sind im Dunkeln geschwommen, jetzt war ich an der Reihe. In solchen Momenten fühlt man sich für das ganze Team verantwortlich und es gibt keinen Platz für Angst oder andere Ausreden. Das Team gab mir Stirnlampen für das Nachtschwimmen. Ich wusste, dass mir zwei Boote folgen würden und dass das Team an Bord mich und andere

Tiere mit Wärmebildkameras kontrollieren würde, die unsere Körperwärme erkennen konnten.

Ich machte mich also bereit und sprang in die Dunkelheit.

Ich konnte nichts sehen, das große Boot war vor mir und das kleine Schnellboot war hinter mir. Ich sah nur ihre kleinen Lichter und versuchte, den Lichtern des großen Schiffes zu folgen.

Das war einer der schrecklichsten Momente meines Lebens! Die Natur beschützte mich!

Der kleine Mond war hinter den Wolken, und ich fühlte mich sehr verletzlich – allein im Wasser. Aber ich vertraute einfach auf die Natur, dass alles gut werden würde und dass sie mich beschützen würde. Nach 20 Minuten spürte ich etwas an meinem Fuß, und das war einer der schrecklichsten Momente in meinem Leben! Die Leute sagen, dass ich für meine schnellen Tritte berühmt bin, und meine Tritte sind so schnell, dass ich mich nach ein paar Minuten müde fühlte, und ich dachte auch, dass, wenn ein „Fisch/Hai" unter mir wäre, er schneller wäre als ich und meine Tritte und Sprints nicht helfen würden, und ich hatte noch 40 Minuten zu schwimmen.

Nicht aufgeben, die Freude in uns fängt gerade erst an

Ich konnte nicht für das Team und nicht für mich selbst aufhören, das war keine Option. Also beschloss ich, langsamer zu werden, meinen Herzschlag zu normalisieren, in einem kontrollierten Tempo zu schwimmen und zu versuchen, meinen Verstand und meine Angst zu kontrollieren, denn ich hatte das Gefühl, ich würde den Verstand verlieren.

5 Tage lang war Neumond (Mondsichel), also kein Mond in Sicht. Aber an diesem Abend gab es eine Wiedergeburt des Mondes; es gab ein dünnes Mondlicht hinter den Wolken.

Und ich sah den Mond hinter den Wolken, und plötzlich erschien die Gestalt eines Königs in den Wolken. Der König sah mich an, und ich spürte, dass dies der König der Meere (Poseidon) war, der mich aus dem Himmel beschützte. Es war nur eine Bewältigungsstrategie meines Geistes, aber sie funktionierte. In solch überwältigenden Situationen fängt unser Gehirn an, mit Herausforderungen auf unterschiedliche Weise umzugehen, und das war eine einzigartige Erfahrung. Wir entdecken uns selbst außerhalb unserer Komfortzone. Wir wissen nicht, wie unser Körper, unser Verstand in neuen Situationen reagiert, und das war eine völlig neue Entdeckung – meine Vorstellungskraft, die Kreativität meines Gehirns hat mich in einer so schwierigen Situation geschützt.

Ich sah, dass das Mutterschiff immer schneller fuhr und der Abstand zwischen uns immer größer wurde. Ich konnte das kleine Boot nicht sehen und geriet in Panik. Ich schaute auf die Uhr. 30 bis 45 Minuten waren vergangen. Das war wahrscheinlich das längste einstündige Schwimmen, das ich je absolvierte.

Als das Boot kam, um mich abzuholen, war ich sehr erleichtert und sehr glücklich, dass ich überlebt hatte und nichts Schlimmes passiert war. Ich brauchte eine Stunde, um mich an Bord zu erholen, und nachdem ich mich beruhigt hatte, schlief ich vor Freude und Aufregung ein und war stolz auf das ganze Team. Als ich aufwachte, sah ich das Ufer. Unser Traum wurde wahr

TAG 6: GIRESUN IST DA!!! UNSER TRAUM IST WAHR GEWORDEN

Wir begannen, alle zu informieren, dass wir nach Giresun kommen würden. Das Organisationskomitee und die Stadt Giresun bereiteten eine große Zeremonie für uns im Zielbereich vor. Es waren nur noch 4 bis 5 Stunden, bis wir ankommen würden.

Wir hatten uns irgendwie an das Leben auf dem Schiff gewöhnt, also dachte ich darüber nach, was passieren würde, wenn wir wieder an Land im normalen Leben ankämen.

Wir packten langsam unsere Sachen zusammen und begannen, uns mit der realen Welt zu verbinden. Sie wartete am Ufer auf uns und wir schwammen die letzten Meter.

Auf den letzten 300 Metern beschlossen wir, gemeinsam ins Wasser zu springen und bis zur Ziellinie zu schwimmen.

12 Schwimmer erreichten gemeinsam das Ufer. Ein freundlicher, herzlicher Empfang erwartete uns, alle Medien, alle Menschen.

Nach 6 Tagen in der Natur war es irgendwie surreal, all die Menschen zu sehen und in die reale Welt zurückzukehren. Wir umarmten uns, gratulierten uns gegenseitig und machten viele Fotos mit ausländischen Menschen, die uns als Helden sahen. Die Stadtverwaltung hatte eine sehr schöne Zeremonie für uns vorbereitet, wir erhielten Medaillen und kleine Geschenke. Es war sehr schön, die Unterstützung und den Geist all dieser Menschen zu spüren, und wir fühlten uns sehr dankbar für das, was wir in diesen Tagen erreicht hatten und für die Art von Unterstützung, die wir hatten.

Der Marathon wurde in insgesamt 6 Tagen zwischen dem 14. und 20. Juni 2021 absolviert.

Die Crew wurde für uns zu einer Familie. In dieser kurzen Zeit haben wir uns wie eine Familie gefühlt und sehr starke Beziehungen aufgebaut.

Dieses Ereignis hat uns gezeigt, dass nichts unmöglich ist' Wir müssen nur weiter unsere Träume verfolgen, und irgendwann wird es passieren, zur richtigen Zeit, mit dem richtigen Team, mit den richtigen Leuten!

Nochmals vielen Dank an unsere medizinischen Fachkräfte!

Wir hoffen, dass diese Pandemie zu Ende geht, aber wir wissen auch, dass es immer wieder andere Herausforderungen im Leben geben wird. Wir müssen also immer unseren Optimismus und unsere Träume bewahren, unsere Leidenschaft weiter verfolgen und an uns selbst glauben, egal in welcher Situation wir uns befinden!

ZUSAMMENFASSUNG:

1. **Mit dem richtigen Zusammenhalt im Team und ständiger Entschlossenheit ist nichts unmöglich!** Glaube an das, was du tust, sei offen für andere Möglichkeiten und schließe dich mit Gleichgesinnten zusammen. Man weiß nie, was passieren wird und mit wem man die Reise zu seinen Träumen teilen kann. Du musst deine Träume nur weiter verfolgen, und irgendwann wird es passieren, zur richtigen Zeit, mit dem richtigen Team, mit den richtigen Menschen um dich herum! Verfolge weiterhin deine Leidenschaft und deine Zusammenarbeit mit anderen. Gemeinsam seid ihr stärker und könnt Ziele erreichen, an die du allein nie gedacht hättest.

2. **Digital Detox für mehr Achtsamkeit und inneren Frieden.** Nimm dir etwas Zeit für dich selbst und genieße es, mit Gleichgesinnten zusammen zu sein und den Moment zu teilen. Spüre die Energie, die Natur, deinen Körper und konzentriere dich einfach auf das, was du gerade tust. Nimm dir eine Auszeit vom Überprüfen deiner E-Mails und deines Telefons, und du wirst sehen, dass das Leben auch ohne dich weitergeht und du dir Zeit für dich selbst und deine Mitmenschen nehmen kannst. Je mehr du im Augenblick lebst, desto mehr kannst du die Dinge um dich herum genießen, bewusster leben, inneren Frieden und Liebe empfinden.

3. **Es ist eine Frage der Einstellung – genieße die herausfordernden Momente.** Genieße jeden Moment, auch wenn du dich herausgefordert fühlst. Erinnere dich daran, deine Reise zu schätzen und all deine Erfahrungen als eine Gelegenheit zu sehen, dein Leben in vollen Zügen zu genießen. Manchmal fühlen wir uns müde und herausgefordert, aber das macht nichts. Du kannst immer noch deine Einstellung ändern und das, was du tun musst, mit einer positiveren Einstellung tun, und du wirst mehr Energie haben, stärker sein und mehr Freude an dem haben, was du bereits tust.

19

Das Leben ist kurz und Corona war echt

Ich war in Datça, meinem Lieblingsort in den Sommerferien, und alles war gut, bis zu dem Tag, an dem ich erfuhr, dass mein Vater Covid hatte. Er kämpfte bereits seit 4 Jahren gegen den Krebs und schaffte es immer, stark zu bleiben. Da mein Vater geimpft worden war, nahm ich die Sache zunächst nicht allzu ernst und wünschte ihm alles Gute für eine baldige Genesung.

Am letzten Tag meines Urlaubs rief mich die Frau meines Vaters an und sagte, dass mein Vater sehr spät aufgewacht sei und Fieber hätte. Er versuchte, ans Telefon zu kommen, um zu sprechen, aber er konnte nicht sprechen und hatte Schwierigkeiten, ins Nebenzimmer zu gelangen. Er befand sich in einem kritischen Zustand. Ich rief sofort den Krankenwagen und schickte die Ärzte zu ihnen nach Hause.

Tag 1, Tag 2, Tag 3 … Ich versuchte, ihn zu erreichen, ihn zu besuchen, aber ich konnte nicht … Die Ärzte erlaubten mir nicht, ihn zu sehen. Ich konnte nicht einmal richtig mit meinem Vater sprechen. Meine Halbschwester kaufte ihm eine Sim-Karte, ein Mobiltelefon, aber sie konnte immer noch nicht mit ihm sprechen.

Ich hatte schon vor seiner Krankheit vor, in die Schweiz zu ziehen, und er wusste es.

Nach einigen Tagen gelang es mir endlich, seine Stimme zu hören. Das letzte Mal, als wir miteinander sprachen, und ich wusste nicht, dass es das letzte Mal sein würde, fragte mein Vater: „Wirst du in die Schweiz ziehen?" Mit gemischten Gefühlen gab ich eine kurze und unbehagliche Antwort: „Ich glaube, ja." Das war unser letztes kurzes Gespräch. Von diesem Tag an verging alles in einem Tempo, das ich nicht mehr kontrollieren konnte.

Die Tage vergingen, die Gespräche der Ärzte wurden immer weniger ermutigend und ich fühlte mich so hilflos, einfach nur traurig. Eines Tages rief mich der Arzt an und teilte mir mit, dass mein Vater intubiert werden müsse, dass er nicht mehr atmen könne und dass die Behandlungen nicht anschlügen. Ich ging ins Krankenhaus und wollte mich von meinem Vater verabschieden, bevor er einschlief. Sie ließen mich zu ihm. Es war schwer, ihn leiden zu sehen; er konnte nicht atmen, er konnte mir nicht in die Augen sehen, er konnte nicht mit mir sprechen.

Ich kann dir gar nicht sagen, wie traurig und hilflos ich mich in diesen Momenten fühlte. Natürlich spürte er mich und meine Unterstützung. Ich war die Einzige, die ihn besuchte und die Entscheidung über seine Behandlung traf. Ich wollte nicht akzeptieren, dass sich sein Zustand verschlechterte. Ich hatte das Gefühl, dass ich eine schwierige Rolle bei der Entscheidungsfindung und der Übernahme der Verantwortung für seine Behandlung hatte.

Nach ein paar Tagen baten mich die Ärzte, den Behandlungsprozess abbrechen zu dürfen, weil sich sein Zustand verschlechterte. Es gab keine Genesung mehr. Die Behandlung war darauf ausgerichtet, ihn länger am Leben zu erhalten. Seine Nieren versagten, seine Organe funktionierten nicht mehr, und bei all den Behandlungen konnte er kaum noch wach bleiben. Ich wollte es nicht glauben, ich wollte es nicht akzeptieren und ich wollte nur, dass die maximale Behandlung fortgesetzt wird. Nichts half, die Ärzte taten alles, was sie konnten. Während dieser Zeit lebte ich in ständiger Angst, am Telefon eine schlechte Nachricht zu erhalten.

Schließlich beschloss er, das Universum aus eigenem Antrieb zu verlassen. Der Arzt rief mich an und sagte, ich könne ihn noch vor seinem Tod sehen. Unmittelbar nach dem Telefonat verließ ich das Haus, holte meine Mutter vom Flughafen ab und fuhr mit ihr ins Krankenhaus. Obwohl sie sich vor mehr als zwanzig Jahren getrennt hatten, kam meine Mutter ins Krankenhaus, um mich zu unterstützen, und wir erlebten die schwersten Minuten unseres Lebens. Irgendwie spürte ich pure Liebe und den tiefsten Schmerz.

Ich hielt seine Hand, streichelte seinen Kopf und wiederholte laut, wie sehr ich ihn liebte.

Sein Herzschlag beschleunigte sich, während ich immer emotionaler wurde. Nach ein paar Minuten beschloss ich, alles loszulassen und die Situation zu akzeptieren. Ich betete, hielt seine Hand und schickte ihm meine Energie und reine Liebe. Sein Herzschlag wurde immer langsamer.

50 ... 40 ... 35 ... 27 ...

15 ... 10 ... 8 ...

4 ... 0 ... Moment der Stille ... Moment der Akzeptanz ... Moment der Konfrontation mit der Realität ...

0 – MOMENT DER STILLE UND AKZEPTANZ

Manchmal müssen wir aus unserer Komfortzone heraustreten. Das ist nicht immer unsere eigene Entscheidung. Manchmal finden wir uns in Situationen wieder, in denen wir keine Wahl haben, in denen wir nicht alles kontrollieren können, was um uns herum geschieht. Alles, was wir in solchen Situationen tun können, ist zu akzeptieren, was geschieht, dem Universum zu vertrauen und die Art und Weise zu kontrollieren, wie wir Abhilfe schaffen, denken und mit unseren Gefühlen umgehen.

Die vergangenen Tage – und insbesondere dieser Moment der Stille – haben mich gelehrt, zu akzeptieren, was geschehen ist, und alles loszulassen. Ich habe mich von meinem Vater verabschiedet, dem Mann, den ich in meinem Leben am meisten geliebt habe ... er wird immer in meinem Herzen leben.

Ich lerne zu akzeptieren, was ich nicht kontrollieren kann und es mit Liebe und Frieden fließen zu lassen.

Wir wachsen mit Schmerz und Kummer auf.

Schätze immer jeden Moment, die Zeit, die du mit deinen Lieben verbringst. Das Leben ist zu kurz.

Lebe wohl Papa, ich werde dich immer lieben.

Deine Tochter,

Deniz

ZUSAMMENFASSUNG UND WICHTIGSTE TIPPS:

1. **Das Leben ist kurz, wir sollten jeden Moment schätzen und das Leben in vollen Zügen genießen!**

Das mag für dich banal oder normal klingen, aber ich meine es wirklich so! Hör auf, dir über morgen Gedanken zu machen! Probleme oder schwierige Situationen werden sowieso kommen, ob du dich nun sorgst oder nicht. Genauso wie die guten Dinge in deinem Leben. Egal, was du denkst und tust, gute oder schlechte Dinge werden in deinem Leben passieren. Wenn etwas geschehen soll, wird es geschehen. Du kannst nicht alles im Leben kontrollieren. Du kannst akzeptieren, was geschieht, und deine eigenen Reaktionen, Emotionen und Bemühungen kontrollieren, um die Dinge zu verbessern, damit du dich besser fühlst. Hör auf, dir Sorgen zu machen, sei einfach dankbar, akzeptiere und lebe den Augenblick in vollen Zügen! Schätze immer jeden Augenblick, die Zeit, die du mit deinen Lieben verbringst ...! Das Leben ist zu kurz.

2. **Wir wachsen mit Schmerz und Kummer auf.**

Das Außergewöhnliche ist, dass jeder von uns die Fähigkeit hat sich neu zu erschaffen und wieder aufzubrechen. Vielleicht besteht der wahre Zweck des Leidens darin, dass wir uns aus unserem Schmerz erheben, dass wir uns entwickeln, wachsen und etwas erreichen (Zitat von Judy Tatelbaum, amerikanische

Schriftstellerin und Therapeutin, aus „Embrace Life after Loss" von Allen Klein).

3. **Verwandle Schmerz in kreative Energie und sei die beste Version von dir selbst!**

Tu zuerst etwas Gutes für dich selbst und dann für andere. Je besser du dich selbst fühlst, desto besser kannst du dich auch anderen gegenüber verhalten.

20

Extreme Stufe der individuellen Transformation – Magie passiert außerhalb der Komfortzone! Weltmeisterschaften im Eisschwimmen

MAN WEISS NIE, WAS MAN AUSSERHALB SEINER KOMFORTZONE NOCH ERREICHEN KANN

Auf dieser Reise hat mir das Universum gezeigt, dass man mehr erreichen kann, als man sich vorstellen kann, und dass man über seine Grenzen hinausgehen kann. Ich wollte schon immer an einem See oder am Meer arbeiten und leben, im Wasser schwimmen oder visionäre Tätigkeiten ausüben, die keine türkische Frau je zuvor getan hat.

AUSSERHALB DER KOMFORTZONE GESCHAH WIEDER MAGIE – ICH KONNTE MIT MEINEM EIGENEN TEMPO NICHT MITHALTEN.

Eines Tages rief mich Hamza Bakırcıoğlu, der Weltrekordhalter, der 3 450 Meter in 1,08 Stunden in eiskaltem Wasser bei 4,1 Grad Celsius geschwommen war, und fragte mich, ob ich dem Eisschwimmkomitee in Deutschland beitreten und die Vorbereitungen für die Eisschwimm-Weltmeisterschaften unterstützen würde: Ich sagte zu, ohne zu wissen, was auf mich zukommen würde und ohne Erwartungen. Am nächsten Tag fragte er mich, ob ich mit ihm an der Weltmeisterschaft teilnehmen, die Türkei vertreten und als erste Frau in der türkischen Geschichte an der Weltmeisterschaft teilnehmen wolle. Ich war sehr überrascht und aufgeregt über diese Gelegenheit. Alles ging Schritt für Schritt. Mein Umzug in die Schweiz, mein Training im kalten Zürichsee, meine Teilnahme an den Eisschwimm-Weltmeisterschaften …

Zürichsee-Zeitung, Schweiz

EISSCHWIMMEN, EIN UNGEMÜTLICHER PLATZ IST EIN EXTREM

Seitdem ich in die Schweiz gezogen bin und nun direkt am Zürichsee wohne, hatte ich keine Ausreden mehr, um nicht im See und auch im Allgäu, das nur 150 km von Zürich entfernt ist, zu trainieren.

TAG 1: ICE CAMP IM ALLGÄU, DEUTSCHLAND:

Zusammen mit Hamza Bakırcıoğlu, seiner wunderbaren Frau Dilek und seinem Vater Seyfi ging es ins eisige Wasser, denn Extremsportarten wie diese erfordern ein starkes Teamwork. Für Tag 1 hatten wir einen anspruchsvollen Plan. Wir hatten uns vorgenommen, dreimal ins eiskalte Wasser zu gehen – dreimal an einem Tag!!!

- Runde 1, Sonthofener See: 9 Minuten in 6 Grad kaltem Wasser
- Runde 2, stromaufwärts auf dem Fluss: 5 Minuten in 4,8 Grad kaltem Wasser
- Runde 3, im Fluss: 4 Minuten bei 4 Grad Wassertemperatur

GEMEINSAM IST MAN STÄRKER!

Das Unterstützungssystem ist genauso wichtig wie das Training und die mentale Vorbereitung. Besonders nach dem Eisschwimmen gibt es eine Phase des Fröstelns, und es dauert eine Weile, bis man seine Hände und Füße wieder spürt. Meine Kleidung anzuziehen war eine große Herausforderung. Dilek half mir beim Anziehen und Hamzas Vater kochte die beste Suppe zum Aufwärmen. Ich hatte das große Glück, von einem Weltrekordhalter und dem besten Eisschwimmerkollegen trainiert zu werden. Heute haben Hamza und seine Familie mich dabei unterstützt, drei Mal an drei verschiedenen Stellen im Winterwunderland zu schwimmen. Es war ein magischer Moment; so ist der Flow.

Wir haben die Macht, unseren Geist und unseren Körper zu kontrollieren. Wir erschaffen den Schmerz hauptsächlich in unseren Köpfen. Es ist alles eine Frage der Einstellung und der Wahrnehmung. Du kannst mehr tun, als du denkst! Du bist mehr, als du denkst. Wellness beginnt in unserem Kopf.

Tag 2: 9 Minuten im 3,2 Grad kalten Wasser

Tag 3: 10 Minuten in 3,4 Grad kaltem Wasser

Aus einer Eisschwimmgruppe in Stäfa „Eisbären Stäfa" wurde ich durch Peter Brönnimann kontaktiert und ich begann, an den Wochenenden mit ihnen zu trainieren, und an den Wochentagen trainierte ich allein mit einer Sicherheitsboje. Eine Sicherheitsboje ist besonders wichtig, wenn man allein im Wasser ist. Man weiß nie, wie der Körper auf eiskaltes

Wasser reagiert; es hängt von der Stimmung, der Müdigkeit usw. ab. Manchmal war es schwierig, frühmorgens im Dunkeln aufzuwachen und mich zu motivieren, ins Wasser zu gehen. Aber nach dem Training war ich stolz auf mich, weil ich meine Ängste und inneren Blockaden überwunden hatte, und motiviert, weiterzumachen.

Wegen der Corona-Beschränkungen gab es viele Unsicherheiten im Bezug auf die Weltmeisterschaft, aber irgendetwas sagte mir, dass sie stattfinden würde und dass wir nach Glogow, Polen, fliegen würden.

Das Wasser im Zürichsee hatte etwa 5 bis 6 Grad Celsius, aber ich musste mich an das eisige Wasser unter 5 Grad Celsius gewöhnen. Also beschloss ich, wieder für ein Wochenende ins Allgäu zu fahren, um mit Hamza zu trainieren.

Wir sind zusammen 500 m geschwommen und das hat mir das Vertrauen gegeben, am 500 m -Eisschwimmen in Glogow teilzunehmen.

Ich hatte Zuversicht, etwas Angst und gemischte Gefühle. Ich war sehr fokussiert auf diese Reise und führte einen disziplinierten Lebensstil. Ich achtete auf meinen Schlaf, meine Ernährung und meditierte viel.

In den letzten Tagen vor dem Rennen wurde ich immer nervöser und begann sogar mit Nachthypnose und Schlafmeditationen, die mir zusätzlich zu den Wim-Hof-Atemübungen und täglichen Meditationen halfen, meinen Geist zu beruhigen.

Vor 12 Monaten konnte ich mir nicht einmal vorstellen, länger als 3 Minuten im Eiswasser zu schwimmen, geschweige denn, in die Schweiz zu ziehen und mich auf die Eisschwimm-Weltmeisterschaften am Zürichsee vorzubereiten. Alles hat sich entwickelt.

Nach hartem Training, sowohl geistig als auch körperlich, war ich bereit, die Weltmeisterschaften zu beginnen (mit gemischten Gefühlen von Aufregung, Dankbarkeit und Nervosität vor dem Unbekannten).

50, 100, 250, 500 m Freistil und 50 m Schmetterling warteten auf mich.

WELTMEISTERSCHAFT IN GLOGOW, POLEN

Die IISA, International Ice Swimming Association, organisierte die 4. Weltmeisterschaften in Glogow. International Ice Swim Association („IISA") Eisschwimmen ist Schwimmen ohne fremde Hilfe bei einer Wassertemperatur unter 5,0 °C, wobei ein Silikonhelm, eine Schwimmbrille und ein Standard-Schwimmanzug getragen werden. Die IISA hat es sich zur Aufgabe gemacht, Eisschwimmen als eine der offiziellen Disziplinen in die Olympischen Winterspiele aufzunehmen.

Als wir in Polen ankamen, gingen wir sofort ins Schwimmbad. 500 Meter wollte ich schwimmen, um mich vor dem Rennen zu beruhigen und etwas zu entspannen. Ich wollte mir selbst zeigen, dass ich diese Distanz ohne körperliche Komplikationen überstehen kann. Während des Trainings geriet ich ein wenig in Panik und mein Herzschlag stieg an. Davor hatte ich Angst, aber ich war gut vorbereitet und hoffte, dass alles gut gehen würde.

Das Wasser hatte etwa 3,2 Grad. Sie hatten ein 25 Meter langes Becken im Bach gebaut. Die Wettkämpfe sollten im Becken beginnen und es durften keine Purzelbäume geschlagen werden.

Es waren 300 Schwimmer aus 30 Ländern anwesend. Es war eine tolle Erfahrung, diese Atmosphäre zu erleben. Trotz der Kälte konnte ich diese Momente auskosten.

TAG 1: 500 METER SCHMETTERLING – ICH HABE ÜBERLEBT UND NOCH VIEL MEHR, ICH WURDE WELTMEISTERIN!!!

Am ersten Tag bin ich 500 Meter geschwommen. Der härteste Wettkampf war gleich am 1.Tag. Hamza kam mit mir in den

Schwimmbereich, um mich zu unterstützen, die Runden zu zählen und mir nach 450 Metern ein Signal zu geben. In diesem kalten Wasser hat man das Gefühl, dass das Gehirn eingefroren ist und man nicht mehr zählen kann, da ist es gut, wenn man jemanden hat, der sich um einen kümmert und einen von außen unterstützt, um einen zu motivieren und zu schützen.

Es gab Beobachter, medizinisches Personal und Taucher für jede Bahn. Die Sicherheitsvorkehrungen waren wirklich hoch und ich fühlte mich in dieser Umgebung wohl und sicher.

IISA World Championship 2022 – hier: Marina Głogów

500 Meter bis zum Start … Der Beobachter signalisiert: „Zieh dich aus", „geh ins Wasser" und der Startton „Piep". Bei langen Rennen wie diesem ist es sehr wichtig, sein Tempo und seine

Körpertemperatur zu kontrollieren. Wenn man zu schnell startet, verliert man schnell an Wärme, und wenn man zu langsam startet, verliert man den Wettkampf. Auf den ersten 100 Metern bin ich vorsichtig geschwommen, bin nicht gesprintet und habe versucht, meinen Körper und meinen Geist zu kontrollieren. Nach 200 Metern konnte ich meine Hände und Füße nicht mehr spüren. Das Wenden wurden immer schwieriger. Bei jeder Wende musste man die Wand berühren, und ich konnte die Wand nicht mehr spüren. Ich habe beim Wenden viel Zeit verloren, um eine mögliche Disqualifikation zu vermeiden, und irgendwie habe ich dafür gesorgt, dass ich die Wand berührte. Meine Hände waren wie ein Brett, nicht Teil meines Körpers. Es war ein seltsames Gefühl. Gleichzeitig spürte ich Adrenalin, Aufregung und den Wunsch, die Strecke mit meiner besten Leistung zu beenden. Auf den letzten 50 Metern gab mir Hamza das Sondersignal und ich versuchte, schneller zu schwimmen. Auf den letzten 25 Metern sah ich einen anderen Schwimmer neben mir und wollte schneller sein als er. Dann wurde mir klar, dass er noch 50 Meter schwimmen musste, und ich wurde in diesem Wettkampf Zweite in den gemischten Altersklassen. Als ich aussteigen wollte, konnte ich meine Hände nicht mehr spüren und meine Badekappe nicht mehr abnehmen. Ich war sehr erleichtert, die Strecke beendet zu haben. Ich freute mich sowohl über meine Teilnahme als auch darüber, dass ich als erste türkische Frau an den Weltmeisterschaften im Eisschwimmen teilgenommen hatte. Damit hätte ich automatisch alle türkischen Rekorde gebrochen. Aber ich war neugierig auf meine Gesamtleistung und wartete auf die Medaillenvergabe.

Nach ein paar Stunden des Wartens begann die Zeremonie. Ich rechnete mit einer Medaille in der Altersklasse 30 bis 34, aber ich landete in der Kategorie 35 bis 39. Und was passierte da plötzlich? Der Moderator rief meinen Namen mit aufgeregter Stimme:

Und die Siegerin.. Und die Weltmeisterin über 500 Meter: Deniz Kayadelen

Ich konnte nicht glauben, dass ich die Weltmeisterin über 500 m – in meiner Altersklasse war. Es war wirklich magisch.

TAG 2: 100 M FREISTIL – 1 SILBERMEDAILLE

Ich bin 100 m Freistil geschwommen. Es war ein entspannter Tag im Vergleich zum Vortag. Ich habe sehr nette Leute getroffen, Zeit mit ihnen verbracht, andere Schwimmer beobachtet und mich mental auf den letzten Tag vorbereitet.

Ich wurde Zweite in diesem Rennen und gewann die Silbermedaille. Ich war wieder glücklich, aber es war nichts im Vergleich zu der Aufregung des ersten Tages.

TAG 3: 3 WETTKÄMPFE AN EINEM TAG – 2 GOLDMEDAILLEN UND 1 SILBERMEDAILLE

Mein Tag begann mit 250 Metern. Das war wieder eine neue Erfahrung für mich. Sie war nicht kurz genug, um gleich einen Sprint zu schwimmen, aber auch nicht lang genug, um ganz langsam zu starten. Im Vergleich zu Tag 1 war ich entspannter und habe es einfach laufen lassen.

Die 250 Meter liefen gut. Danach ging ich in den Whirlpool, um mich nach der Kälte aufzuwärmen. Es gab auch eine Sauna, und ich versuchte, mich aufzuwärmen und für das nächste Wettkampf bereit zu sein. Ich machte eine Stunde Pause, um mich aufzuwärmen, abzutrocknen und wieder bereit zu machen.

Das Wasser im Warmwasserbecken hat gestunken, aber das störte niemanden, denn die Hauptsache war, sich aufzuwärmen, und nicht, ein sauberes Wassererlebnis zu haben.

Nachdem ich eine heiße Schokolade getrunken und mich gestärkt hatte, machte ich mit dem 50-m-Schmetterlingsrennen weiter. Es war sehr schwer, das Wasser zu spüren, und ich versuchte sofort, einen Sprint zu schwimmen. Das war ein ganz anderes Gefühl als bei einem normalen Schwimmwettkampf. Es ist sehr schwierig, mit einem Sprint zu beginnen, wenn der

Geist in der Kälte in Panik gerät, die Atmung eingeschränkt ist und die Muskeln nur das warme Wasser spüren wollen. Es ist alles eine Frage der Einstellung und harter Arbeit … Nach den 50 m Schmetterling ging ich zurück in das Warmwasserbecken und musste 20 Minuten auf das letzte Rennen, die 50 m Freistil, warten. Ich genoss das warme Wasser, unterhielt mich mit den anderen Schwimmern und versuchte, mich auf den nächsten Finallauf zu konzentrieren. Draußen war es windig und kalt. Ich ging mit nassem Körper aus dem Wasser und begab mich direkt zur Anmeldung. Mein Name wurde aufgerufen und ich ging mit nass und mit zitternden Händen zum letzten Rennen. Es war wirklich schwer, den Körper aufzuwärmen und sich zu konzentrieren. Ich akzeptierte die Situation und versuchte, mein Bestes zu geben. Ich spürte den Wind und die Kälte in allen Poren.Als ich wieder ins Wasser ging, empfand ich die eisige Kälte in vollen Zügen, aber ich sagte mir: „Komm schon, dieses letzte Mal schaffst du es …" Auf diesen 50 Metern gab es keine Chance für einen kontrollierten Start. Ich musste die ganze Strecke sprinten. Ich habe versucht, nach dem Start einen Sprint zu schwimmen und mein Bestes gegeben. Im Vergleich zu einem normalen Schwimmbecken war es dieses Mal ganz anders, und das war normal. Kein Wenden, kein normales Springen von außen und 3 Grad eisiges Wasser anstelle der normalen Beckentemperatur, die normalerweise bei 24 Grad liegt.

Wenn ich darüber nachdenke, wie es war, ins kalte Wasser zu steigen, wird mir klar, dass eine schrittweise Veränderung stattgefunden hat. Die Kälte hat mir auf dieser Reise viel gezeigt: Fokus, Konzentration, Umgang mit meinen Ängsten und vieles mehr …

Aus der Angst vor dem Eiswasser wurden drei Weltmeistertitel

Eisschwimmerin aus Männedorf: Dreimal Gold, zweimal Silber nach Männedorf: Auch wenn das keine olympische Bilanz aus Peking, sondern von der Eisschwimm-WM in Polen ist, glänzen die Medaillen.

Zürichsee Schweizer Zeitung

237

Kurz gesagt, ich habe überlebt!

Es war eine großartige Aktivität und eine einzigartige Eiserfahrung. Ich habe so viele Nachrichten aus der ganzen Welt erhalten, und ich bin so dankbar für die Unterstützung und die gute Energie, die ich von allen bekommen habe.

Meine Reise ins kalte Wasser begann vor 15 Jahren mit einer Unterkühlung in 17 Grad kaltem Wasser. Ich hasste kaltes Wasser und liebte warme Duschen.

Vor 3 Jahren begann ich trotz meiner großen Angst vor kaltem Wasser mit dem Kaltwassertraining und der Atemtechnik von Wim Hof für die Staffelrennen im Ärmelkanal und im Nordkanal. Die Kälte hat mein Leben verändert – ich habe gelernt, meinen Geist und meinen Körper zu kontrollieren und mich besser zu konzentrieren.

Vor 2 Jahren beschloss ich, trotz meiner Angst vor Haien von Robben Island nach Kapstadt zu schwimmen und schwamm etwa zwei Stunden im kalten Atlantikwasser. Außerdem begann ich zu meditieren, um meine Ängste in den Griff zu bekommen und die Kontrolle über Körper, Geist und Seele zu erlangen.

Vor 1 Jahr konnte ich mir nicht einmal vorstellen, dass ich länger als 3 Minuten im Eiswasser bleiben könnte. Ich ließ mich von anderen inspirieren, stellte mich selbst kleinen Herausforderungen und begann vor 3 Monaten mit einem richtigen Training am Zürichsee.

In den letzten drei Tagen habe ich 5 Rennen an der IISA Weltmeisterschaft 2022 bestritten und heute bin ich mit 3 Gold- und 2 Silbermedaillen auf dem Rückweg.

Eine Zusammenfassung dieser Tage:

- 500m Freistil Gold
- 250m Freistil Gold
- 100m Freistil Silber
- 50m Freistil Silber
- 50m Schmetterling Gold

Freundschaft mit erstklassigen Menschen, die echte Resilienz und Stärke zeigen

Inspiration für den weiteren Weg: Meine Grenze ist meine Vorstellungskraft. Trotz deiner Ängste und inneren Barrieren, folge deinem Traum, folge deiner Leidenschaft, arbeite hart, nimm dir Zeit für deine bewusste Erneuerung und glaub an dich! Auch wenn dein Verstand dir etwas anderes sagt und deine Gefühle sich in Form von Angst äußern. Du bist mehr, als du denkts und du wirst überrascht sein, wozu du wirklich fähig bist!

21

Die Angst ist dein bester Freund – Vorbereitungsreise für das ultimative Ziel

Ein Wochenende in Basel bei dem Seminar von Dr. Joe Dispenza, eine intensive Meditation mit mehr als 3000 Menschen im Saal und ich sehe mich den Ärmelkanal alleine überqueren. Es fühlte sich so realistisch an. Ich hatte eine Verbindung mit meiner Zukunft hergestellt und die Verbindung wurde real. Nach diesem Seminar habe ich meinen Trainer angerufen und ihm gesagt, dass die Zeit gekommen ist. Ich bin bereit den Weg zu gehen, den Ärmelkanal solo zu überqueren. Ich weiß nicht, wie und ob ich das kann, aber ich entscheide mich aktiv, es zu versuchen. Habe ihn gebeten, für mich einen Slot zu sichern, und die intensive Vorbereitungsreise begann …

In der Meditation haben wir uns von den Ängsten gelöst, von unserem Ego gelöst und auf einmal sah ich vieles glasklar.

Ich habe erkannt, dass Angst wie ein Kompass wirkt, der mir den Weg zu persönlichem Wachstum und Veränderung weist. Mir zeigt, was meine Wünsche sind, wenn sie nicht existiert. Sie entfacht die Kreativität und macht das Leben viel lebendiger. Stell dir ein Leben ohne Angst vor – wie langweilig wäre das! Wenn du keine Angst hättest, welche Veränderungen würdest du heute vornehmen? Was würdest du anfangen zu tun? Allein diese Frage kann neue Perspektiven in deinem Kopf eröffnen.

Paradoxerweise ist die Angst also sowohl dein Hindernis als auch dein größter Verbündeter. Auch wenn die Angst wie eine verschlossene Tür erscheinen mag, ist sie in Wirklichkeit eine offene Tür. Wenn du durch diese Tür gehst, kannst du mehr erreichen, als du je für möglich gehalten hättest.

Denke daran: Je mehr du dich über deine Komfortzone hinauswagst, desto mehr Selbstvertrauen gewinnst du. Du erweiterst deine Komfortzone, forderst deine inneren Grenzen heraus und aktivierst deine Lern- und Wachstumszonen. Die Eroberung des Unbekannten befähigt dich zu großen Taten.

Als ich die Kraft entdeckte, mich über meine Komfortzone hinauszuwagen, begann ich, von Größerem zu träumen und den Mut aufzubringen, mich noch größeren Herausforderungen zu stellen. Wenn mir jemand vor drei Jahren gesagt hätte, dass ich einmal Eisschwimmerin, geschweige denn Weltmeisterin, werden würde, hätte ich darüber gelacht. Ich, eine Eisschwimmerin? Nach meinem Kampf mit der Unterkühlung und meiner Abneigung gegen die Kälte schien das völlig unwahrscheinlich.

Wusstest du, dass jeder Mensch mit nur zwei angeborenen Ängsten geboren wird: der Angst vor dem Fallen und der Angst vor lauten Geräuschen? Alle anderen Ängste sind erlernt oder erworben, wie die Angst vor Versagen, Unzulänglichkeit, Schmerz oder Ablehnung. Unsere Lebenserfahrungen und unser Umfeld prägen diese Ängste und schränken uns oft ein.

Der Grund, warum viele von uns ihre Träume nicht verfolgen, liegt in unseren Köpfen. Unsere einschränkenden Überzeugungen und Ängste errichten Barrieren, die uns in der Sicherheit unserer Komfortzone gefangen halten.

ENDLICH MEINEN KINDHEITSTRAUM VERWIRKLICHEN: SOLO-SCHWIMMEN DURCH DEN ÄRMELKANAL

Die Vorbereitung auf die Durchquerung des Ärmelkanals war schon eine lange Reise. Ich unterzog mich einem rigorosen Training unter kalten Bedingungen, nahm an Gewicht zu, um das kalte Wasser besser ertragen zu können, und bereitete mich mental auf ein zermürbendes 15-stündiges Non-Stop-Schwimmen vor. Ich flog extra in die Türkei im Winter um bei 15 bis 17 Grad zu trainieren, flog nach Dover um bei 14 bis 15 Grad zu trainieren. Ich suchte immer nach den richtigen Wassertemperaturen, um mich gezielt vorzubereiten. Als im Sommer die Seen in der Schweiz wärmer wurden bin ich sogar extra zu Bergseen gefahren und habe ständig nach den richtigen Bedingungen gesucht. Es war eine Rieseninvestition an Zeit, Geld und vor allem Energie.

KALTWASSER-ANGSTRECKENSCHWIMMCAMP AUF MENORCA

Um sich für das Soloschwimmen im Ärmelkanal zu qualifizieren, muss man die Fähigkeit nachweisen, sechs Stunden lang ununterbrochen in Wasser unter 15 Grad Celsius zu schwimmen.

Ich reiste nach Barcelona und dann nach Menorca, einer ruhigen und bezaubernden Insel. Dieses Schwimmcamp wurde von den Kings Swimmers organisiert und von Kevin Murphy, der wahren Koryphäe des Kanals, geleitet. Er kann von sich behaupten, mehr Ärmelkanalschwimmen als jeder andere absolviert zu haben, eine Leistung, die von der Channel Swimming Association anerkannt wird. Der Titel und die prestigeträchtige Letona-Trophäe werden derzeit von Kevin Murphy gehalten, der zwischen 1968 und 2006 34-mal den Kanal durchschwommen hat.

TAG 1: ANKUNFT UND AKKLIMATISIERUNG

Am ersten Tag checkten wir in einem komfortablen Hotel mit geräumigen Apartments ein. Ich teilte mir ein Apartment mit einem anderen Schwimmer; wir hatten jeweils ein eigenes Zimmer, teilten uns aber die Küche. Um 16 Uhr versammelten wir uns im Hotel zu einer Sicherheitseinweisung und stellten uns einander vor. Danach gingen wir in der Bucht schwimmen, um uns zu akklimatisieren und nach unseren Schwimmfähigkeiten in Gruppen eingeteilt zu werden.

TAG 2: EINGEWÖHNUNG

Wir verbrachten den Tag im Wasser, um uns an unsere Umgebung zu gewöhnen und uns mit den Schwimmern in unserer Gruppe anzufreunden. Wir schwammen insgesamt 4 Stunden lang, mit einer Pause dazwischen. Außerdem gab es ein Abendseminar und ein optionales Nachtschwimmen, das allerdings wegen des stürmischen Wetters abgesagt wurde. Während dieser zwei Stunden Schwimmen verspürte ich erhebliche Beschwerden in den Hüften, die von einem anhaltenden Problem mit der Hüftbeugung herrührten. Im kalten Wasser spürte ich nach etwa 45 Minuten eine Blockade, gefolgt von starken Schmerzen nach 60 Minuten, was ziemlich demotivierend war.

TAG 3: AUFBAU DER AUSDAUER

An diesem Tag schwammen wir insgesamt 5 Stunden in 15 Grad kaltem Wasser, mit einer einstündigen Pause dazwischen. Am frühen Abend hatten wir ein Seminar, das von Kevin Murphy geleitet wurde.

TAG 4: DAS KRITISCHE 6-STUNDEN-SCHWIMMEN UND DIE SCHMERZENDE NIEDERLAGE

Dieser Tag war für mich von entscheidender Bedeutung, da ich ein 6-stündiges Küstenschwimmen absolvieren musste, um mich für eine Solo-Durchquerung des Ärmelkanals zu qualifizieren. Drei Boote erwarteten uns an der Küste: eines für die schnellsten Schwimmer, eines für die langsamsten und eines in der Mitte mit allen notwendigen Vorräten. Ich war nervös und besorgt wegen der Kälte und meiner anhaltenden Probleme mit der Hüftbeugung. Ich war mir der Bedeutung dieses Schwimmens für meine Qualifikation bewusst und war fest entschlossen, es zu schaffen.

Nach 2 Stunden stellte ich fest, dass einige Schwimmer das Wasser bereits verlassen hatten. Ich spürte, wie sich mein Tempo verlangsamte, die Kälte hereinbrach und das Wasser kabbelig und rau wurde. Trotzdem blieb ich konzentriert und entschlossen, die Qualifikation zu schaffen. Nach drei Stunden und während einer Verpflegungspause begann ich zu zittern, und die Crew schlug mir vor, das Wasser zu verlassen. Ich beteuerte, dass es mir gut ginge, und schwamm weiter, bemerkte aber, dass das Boot der langsamsten Gruppe neben mir lag, während die schnellste Gruppe, mit der ich gestartet war, 500 Meter vor mir lag und sich immer weiter entfernte. Ich fühlte mich zutiefst demoralisiert.

Nach 3,5 Stunden beschloss die Mannschaft, mich herauszuziehen, da sie bemerkte, dass meine Sprache langsamer wurde, was auf eine beginnende Unterkühlung hindeutete. Die starke Strömung machte es mir unmöglich, voranzukommen; meine Armbewegungen waren der Kraft der Strömung nicht gewachsen. Es war eine entmutigende Erfahrung, und ich konnte nicht anders, als mich frustriert und unter Druck gesetzt zu fühlen, vor allem nach 15 Jahren Kältetraining, einschließlich Eisschwimmen, trotzdem wieder mit Unterkühlung konfrontiert zu werden.

TAG 5: REGENERATION – AUFBAU VON HOFFNUNG UND KRAFT

„Den inneren Frieden finden"

Ich schwamm nur eine Stunde lang und suchte dann Rat bei meinem spirituellen Coach Faine. Während unserer einstündigen Sitzung sprachen wir über meine Ängste, meine Gedanken, meine Schmerzen und den Zeitdruck, unter dem ich als Vollzeit-Beraterin stehe. Faine wiederholte eine kraftvolle Botschaft: Innerer Frieden und das Anhalten meiner Gedanken würden es mir ermöglichen, das Schwimmen zu genießen. Sie betonte, dass mein Körper mich schützen würde und das Universum auf meiner Seite sei. Mein Gehirn mit seinen unaufhörlichen Gedanken war die Quelle von Schmerzen, Stress und verminderter Energie. Es lenkte mich davon ab, im Augenblick zu sein und mich auf einen Schwimmzug nach dem anderen zu konzentrieren.

Wir machten eine lange Meditationssitzung, in der ich meinen inneren Frieden fand, den Augenblick annahm, die Energie meiner Seele anzapfte und ein tiefes Gefühl der Ruhe empfand.

TAG 6: EINE ZWEITE CHANCE ZUR QUALIFIZIERUNG

Diesmal blieben wir in der Nähe des Hotels an einem ruhigen Strand. In unserer Gruppe gab es einen anderen Schwimmer mit einem ähnlichen Tempo, und ich beschloss, die vollen 6 Stunden neben ihm zu schwimmen. Gemeinsam waren wir stärker. Es hat wunderbar funktioniert. Wir begannen gemeinsam und nahmen alle drei Züge Blickkontakt auf, atmeten ein und machten weiter. Ich passte meine Technik an, um meine Probleme mit der Hüftbeugung zu lindern, und das half. Nach 3 Stunden nahm ich ein paar Schmerztabletten, aber insgesamt fühlte ich mich ruhiger, konzentrierte mich mehr auf den Moment und war entschlossen, es zu beenden.

Bei der 4-Stunden-Marke begann ich wieder zu zittern, aber das Wissen, dass über 50 % der Schwimmstrecke geschafft waren, gab mir innere Stärke. Bei strahlendem Sonnenschein motivierte ich mich selbst, hielt mein Tempo und schwamm neben meinem Kumpel her. Nach 5 Stunden wusste ich, dass ich es im Sack hatte. Ich genoss die letzten Minuten und träumte von einer heißen Dusche und leckerem chinesischen Essen.

Sechs Stunden in 14,8 Grad kaltem Wasser – Mission erfüllt! Ich fühlte eine überwältigende Mischung aus Glück, Stolz, Erschöpfung und dem Gefühl des Erfolgs.

Nach diesem aufregenden und herausfordernden Tag versammelten wir uns zu einem köstlichen Abendessen, gefolgt von einer Zertifizierungszeremonie.

TAG 7: ABSCHIEDSSCHWIMMEN MIT STOLZ UND FREUDE

An unserem letzten Tag stand ein letztes, etwa einstündiges Schwimmen mit meinen Schwimmkameraden auf dem Programm. Es war ein entspanntes Schwimmen, begleitet von einem herzlichen Lächeln. Nach dem Schwimmen genoss ich eine warme Dusche und fuhr dann mit den triumphalen Erinnerungen an diese bemerkenswerte Reise zurück zu meiner Arbeit in Zürich.

Trotz dem erfolgreichen Abschluss des Camps und der Erlangung meiner Qualifikation kämpfte ich immer noch mit anhaltenden Ängsten und einschränkenden Glaubenssätzen. Doch mein Wunsch, meinen Traum zu verwirklichen, übertraf diese Hindernisse. Mir wurde klar, dass es besser ist, etwas zu versuchen und dabei möglicherweise zu scheitern, als es gar nicht erst zu versuchen und in seinen Ängsten gefangen zu sein.

DIE LETZTEN 6 WOCHEN – ANGST IMMER NOCH DA?!

Da mir nur noch 6 bis 8 Wochen blieben, nahm meine Nervosität zu, und die Angst durchströmte mich immer noch. Dieser emotionale Zustand war schwer zu bewältigen, zehrte an meiner Energie und stellte meinen Mut auf die Probe. Ich hatte alles getan, um mich auf diese große Herausforderung vorzubereiten: viele Trainingsstunden, Kaltwassercamps, tägliches Training, Absagen von sozialen Einladungen, vorrangige Erholung, chiropraktische Behandlung für meine Muskeln,

Physiotherapie für meine Hüftgelenke und Meditations- und Visualisierungsübungen. Ich war bereit, alles zu tun, was nötig war, jede verfügbare Methode anzuwenden, um meinen Traum zu verwirklichen. Ich musste rigoros Prioritäten setzen, oder vieles absagen, um meinen Traum näher zu kommen

Eines Tages traf ich die Entscheidung, einen Hypnotherapeuten aufzusuchen. Ich erkannte, dass trotz all meiner Bemühungen, meinen Geist und meinen Körper zu kontrollieren, meine unterbewussten Gedanken unangetastet blieben und für diese Herausforderung angesprochen und trainiert werden mussten. Ich fand einen kompetenten Hypnotherapeuten und nahm zwei Sitzungen bei ihm in Anspruch. In diesen Sitzungen beschäftigte er sich eingehend mit meinen Zielen, Wünschen und Ängsten. Zu Beginn der Sitzung stellte er mir eine entscheidende Frage: Was ist Ihr Ziel? Was wollen Sie aus diesen Sitzungen mitnehmen?

Ich erklärte ihm mein Ziel: Ich wollte meinen Traum verwirklichen, aber mehr noch, ich wollte jeden Augenblick dieser Herausforderung genießen. Ich wollte Freude daran haben, selbst angesichts von Schmerzen und Schwierigkeiten. Mein höchstes Ziel war es, meine Gedanken zum Schweigen zu bringen und die Reise ohne die Last der Angst zu erleben.

Er nickte verständnisvoll und schmiedete einen Plan. Da mir nur noch 6 Wochen blieben, war der Zeitplan sehr eng, aber er setzte sich dafür ein, mir zu helfen, es zu schaffen. Im Laufe von drei Sitzungen schloss ich die Augen und ließ mich auf Dialoge ein, in denen er direkt zu meinem Unterbewusstsein sprach. In diesen Sitzungen wurden meine Denkmuster neu programmiert und die Ängste, die mich zurückhielten, beseitigt.

WOFÜR KANN SPORTHYPNOSE EINGESETZT WERDEN?

Sporthypnose ist ein leistungsfähiges Instrument, das bei verschiedenen Aspekten der sportlichen Leistung eingesetzt werden kann, um mentale Ruhe, Konzentration und emotionale Loslösung zu fördern. Hier sind einige Möglichkeiten, wie Sporthypnose eingesetzt werden kann:

1. **Verbesserung der Konzentration:** Sporthypnose hilft den Athleten, sich besser auf die anstehende Aufgabe zu konzentrieren und Ablenkungen, die die Leistung beeinträchtigen können, auszuschalten.

2. **Schmerzmanagement:** Die Sporthypnose vermittelt den Athleten wirksame Techniken zur Schmerzbewältigung, die sie in die Lage versetzen, Beschwerden während des Trainings und des Wettkampfs zu überwinden.

3. **Umgang mit Nervosität:** Die Sporthypnose hilft bei der Bewältigung von Nervosität und Leistungsangst, so dass die Athleten auch unter Druck die Ruhe bewahren können.

4. **Motivationsschub:** Die Hypnose kann die Motivation steigern und den Sportlern helfen, ihre Ziele auch in schwierigen Situationen zu verfolgen.

5. **Abbau von Leistungsangst:** Sporthypnose kann Leistungsangst abbauen, die oft aus der Angst vor Versagen oder äußerem Druck resultiert.

6. **Abbau von Ängsten (z. B. Angst vor Unterkühlung):**
Die Hypnose kann gezielt eingesetzt werden, um
Ängste im Zusammenhang mit bestimmten Problemen
abzubauen, z. B. die Angst vor Unterkühlung beim
Schwimmen in kaltem Wasser.

Bei der Sporthypnose werden dieselben Techniken wie bei
der traditionellen Hypnose angewandt, sie werden jedoch
auf die besonderen Anforderungen der sportlichen Leistung
zugeschnitten. Sie konzentriert sich darauf, den Athleten zu
helfen, geistige Klarheit zu erlangen, im gegenwärtigen Moment
zu bleiben und die Ruhe zu bewahren, was für Spitzenleistungen
unerlässlich ist.

**In der Sportpsychologie gibt es mehrere Schlüsselkategorien,
die sich auf die Denkweise eines Sportlers beziehen,
darunter:**

1. **Erregungsregulierung:** Das optimale Maß an
Erregung oder Erregung finden, um Höchstleistungen
zu erbringen, weder zu entspannt noch zu gestresst.

2. **Zielsetzung:** Lang- und kurzfristige Ziele setzen, um
sich zu orientieren und zu motivieren, und größere Ziele
in erreichbare Etappenziele aufgliedern.

3. **Bildhafte Darstellung:** Schaffung lebendiger mentaler
Bilder, die alle sensorischen Erfahrungen umfassen, um
Fähigkeiten zu üben, sich an vergangene Erfolge zu
erinnern und gewünschte Ergebnisse zu visualisieren.

4. **Rituale vor der Leistung:** Festlegen von Routinen oder Handlungen vor dem Wettkampf, um das richtige Maß an Aufregung und Bereitschaft zu erzeugen.

5. **Selbstgespräche:** Die Pflege positiver und konstruktiver Selbstgespräche, um das Selbstvertrauen zu stärken, die Konzentration aufrechtzuerhalten und negative Denkmuster zu vermeiden.

Die Bedeutung der Denkweise im Sport kann gar nicht hoch genug eingeschätzt werden. Die Psyche hat einen tiefgreifenden Einfluss auf den Körper, und Hypnose bietet Zugang zum Unterbewusstsein, das eine wichtige Rolle für die Gesamtleistung eines Sportlers spielt. Indem sie Herausforderungen und Ängste anspricht, kann die Sporthypnose den Sportlern helfen, ihr volles Potenzial zu entfalten und Spitzenleistungen zu erzielen.

DIE LETZTEN 5 WOCHEN ...

Kaum zu glauben, dass es nur noch 5 Wochen bis zum großen Tag sind! Ich bin aufgeregt und nervös.

Die letzten drei Monate in Zahlen:

- 6 kg zugenommen, um besser mit der Kälte zurechtzukommen
- 380 km in insgesamt 128 Stunden geschwommen
- Von 380 km, 200 km in kaltem Wasser unter 16 Grad geschwommen
- 3 x 6 Stunden geschwommen, 5 x 4 Stunden geschwommen
- 6 x 3 Stunden geschwommen

- 4 Tage pro Woche meditiert, um meinen Geist auszugleichen
- 12 Stunden Physiotherapie, um meine Probleme mit der Hüftgelenksbeugung im kalten Wasser zu lösen
- 20 Stunden mentales Coaching
- 10 Chiropraktiker-Sitzungen, um Verspannungen in meinen Schultern zu lösen
- Mehr als 100 motivierende Gespräche mit meinen lieben Freunden, Kollegen, Familienmitgliedern, Kunden und sogar Fremden

Dover Juni 2023

Auf diesem Bild ist meine Badekappe zu sehen.

Der Slogan lautet: „Ich kann und ich werde."

Nur noch zwei Wochenenden, um auf meinen Höhepunkt hinzuarbeiten. Ich plane, 8 bis 10 Stunden zu schwimmen und dann langsamer zu werden, mich zu erholen und meinen Geist vorzubereiten getreu dem Motto meiner Badekappe:

„Ich kann und ich werde"

SPITZENLEISTUNGSTRAINING – 10 STUNDEN
NON-STOP-SCHWIMMEN - 28 KM

Mehr als 60 % ist Gehirnleistung! Das wusste ich, und vor
dem großen Schwimmen und vor dem Tapering musste ich 10
Stunden nonstop schwimmen. Das Schwimmen im Ärmelkanal
wird mehr als 10 Stunden dauern, aber ich wusste, dass mein
Gehirn nach mindestens 10 Stunden Schwimmen für mindestens
10 bis 15 Stunden bereit sein würde. Es war das erste Mal in
meinem Leben, dass ich mir vorgenommen hatte, 10 Stunden zu
schwimmen. Glücklicherweise bot mir mein Schwimmkollege
Jürg seine Hilfe an. Er hat ein schönes Segelboot und kennt
die Herausforderung einer solchen Vorbereitungsreise. Ich
nahm seine Unterstützung dankend an und wir trafen uns am

frühen Morgen in Männedorf. Ich war bereit, er war bereit und wir legten direkt los. Ich schickte ihm am Vortag meinen Ernährungsplan und er bereitete alle Motivationsplakate für mich vor. Alle 20 Minuten zeigte er mir die Minuten und alle 45 Minuten gab er mir das Essen, das wir vereinbart hatten. Er war so konzentriert und hilfreich. Zug um Zug schwamm ich weiter. Diese 10 Stunden fühlten sich so hart an, aber das Wasser hatte zum Glück mehr als 19 Grad, etwa 21 Grad, und die Sonne schien, es war ein Warmwasserschwimmen, aber die Dauer und die Ausdauer waren die Herausforderung. Ich wollte mein Gehirn trainieren, mit meinen Gedanken umzugehen, mit meiner Langeweile.

MEINE LEHREN AUS DIESEM 10-STUNDEN-SCHWIMMEN:

- Das Schmerzempfinden hat eine Grenze; danach wird es nicht mehr schlimmer. Irgendwann gewöhnt man sich daran und kann besser mit ihm umgehen.
- Auch das Gefühl der Langeweile wird ab einem gewissen Punkt nicht mehr schlimmer. Es gibt eine Grenze für dieses Gefühl, und das Gehirn versucht, einen automatisch zu unterhalten.
- Die negativen Gedanken kommen, aber du kannst deinen Verstand leicht austricksen; ändere den Fokus mit kleinen Aktionen und verwandle deinen Verstand in Positives.
- Die Erholungszeit betrug 24 Stunden. Der Schmerz in den Muskeln lässt schnell nach, und man kann auch am nächsten Tag noch mit Kraft schwimmen, wenn man gut schläft und sich gezielt ernährt.

- Es hilft, das Ziel herunterzubrechen! Ich konnte mir nicht einmal vorstellen, 10 Stunden im Wasser zu sein. Ich habe mich immer auf meine nächste Mahlzeit konzentriert und mich jede Stunde darauf gefreut. In meinem Ernährungsplan könnt ihr die Leckereien sehen.

Vielen Dank an Jürg Hohl für die Rundumbetreuung und den Kapitän des Tages! Danke, dass du meine Verpflegung verwaltet hast, mir die Zeit gezeigt hast, dich um die Strecke und den Verkehr auf dem See gekümmert hast und meine mentale und körperliche Gesundheit von Anfang bis Ende beobachtet hast!

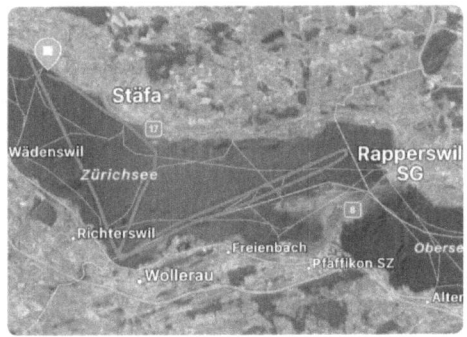 

Feeding Swim Plan Deniz 10.06.2023

Time	Feeding	Comment
1st hour	-	
2nd hour	Hot Carb Mix	
3th hour	Hot Carb Mix	If needed painkiller
4th hour	Hot Carb Mix + Energy Gel	If needed extra Magnesium
5th hour	Hot Carb Mix + Banana	
6th hour	Hot Carb Mix + Jelly Babies	If needed painkiller
7th hour	Hot Carb Mix + Freestyle	
8th hour	Hot Carb Mix + Energy Gel	If needed extra motivation push
8 hours 30 min	Hot Carb Mix + Jelly Babies	
9th hour	Hot Carb Mix + Energy Gel	
9 hour 30 min	Hot Carb Mix + Banana	
10th hour	Hot Carb Mix	Finish ☺

Danke an Ilona Roth für die zusätzliche Fitline-Ernährungsunterstützung und das motivierende Abendessen vor dem Schwimmen.

Danke an Adalvo für die Zusammenarbeit und das gemeinsame Motto: #alwaysontarget

Zusammenfassung: Fange mit kleinen Schritten an und akzeptiere das Unbekannte! Ich habe nur mit Kaltwasserduschen und mentalem Training angefangen. Schritt für Schritt bin ich dann mit meinem Unterstützungssystem ins kalte Wasser gegangen und habe meine Komfortzone erweitert.

Auch wenn du Angst verspürst, hör nicht auf, von großen Dingen zu träumen und an dich selbst zu glauben! Du musst nicht das volle Selbstvertrauen haben, um deine Ziele zu erreichen. Mehr als 60 % deines Erfolgs hängen von deiner mentalen Stärke ab! Bereite deinen Geist vor und lerne, wie du deine einschränkenden Glaubenssätze überwinden kannst! Hab einfach den Mut, aus deiner Komfortzone herauszutreten und mit der Unsicherheit und dem Schmerz umzugehen!

Niederlagen gehören zum Weg dazu. Nutze diese Niederlagen, um daraus zu lernen und das nächste Mal besser zu werden. Ohne diese Erfahrungen kannst du dich nicht transformieren und langfristig wachsen. Sieh es als selbstverständlich und gib nicht auf!

22

Mount Everest für Schwimmer – Ultimative Selbstverwirklichung

„DOVERCOASTER" – EMOTIONALER ROLLEARCOASTER IN DOVER UND DER VERSUCH, DEN ÄRMELKANAL SOLO ZU DURCHSCHWIMMEN

Die Herausforderung, den Ärmelkanal zu durchschwimmen, war die Krönung von drei Jahren Vorbereitung und zwei Jahrzehnten des Träumens.

Bevor ich nach Dover fuhr, rief mich mein Trainer an und sagte, er habe schlechte Nachrichten für mich. In den kommenden 10 Tagen schien das Wetter wirklich schrecklich zu sein, und ich hätte den fünften Platz, was bedeutet, dass drei Schwimmer vor mir waren. Bei guten Bedingungen könnte ich also frühestens in 4 Tagen schwimmen, aber aufgrund der Wetterbedingungen hatte niemand die Chance, zu schwimmen. Mit dieser Ungewissheit fuhr ich nach Dover.

TRAINING ABGEBROCHEN – MIT BETEN BEGONNEN

Warten mit Vertrauen: Die Mutter Natur ist der Boss.

Wir mieteten als Team die schöne Wohnung von Kevin Murphey. Mein Unterstützungsteam kam an und ich lernte alle kennen. Meine Schwimmkameradin Yasemin Bagana, mein bester Freund und Schwimmkamerad Emre Deliveli, mein Trainer Kamil Resa Alsaran. Ich teilte das Zimmer mit Jasemin und wir trainierten jeden Tag und warteten gemeinsam auf den großen Tag. Tag 1, Tag 2 …, die Chancen standen wirklich schlecht …

Vor lauter Nervosität wurde ich krank und hatte eine schlimme Grippe. Alles sah so schlecht aus, alle Bedingungen. Ich machte buchstäblich eine Achterbahnfahrt. Jetzt verstand ich die Bedeutung von Dovercoaster: Die emotionale Achterbahn in Dover!

Die Wetterbedingungen schienen besser zu werden, und der erste Schwimmer schwamm bereits. Der zweite Schwimmer war zu langsam und man beschloss, ihm einen weiteren Platz zu geben, da es sich um eine Zeit der starken Flutschwimmstrecke handelte, was bedeutete, dass die Flut stärker war und man mehr Kraft brauchte, um mit ihr fertig zu werden. Der dritte Schwimmer war ein Anwalt und er war an der Reihe. Nur noch 2 Tage. Wenn er schwimmen würden, hätte ich keine Chance, zu schwimmen. Ich versuchte, ruhig zu bleiben und mich von meiner Grippe zu erholen.

Ich war nervös, da ich kurz davor stand, mir einen Lebenstraum zu erfüllen. Das Warten auf geeignete Schwimmbedingungen war auch eine Geduldsprobe. Die Möglichkeit, aufgrund ungünstiger Wetterbedingungen nicht schwimmen zu können, war gegeben, und ich musste eine Achterbahn der Gefühle und einschränkende Gedanken bewältigen, um ruhig und hoffnungsvoll zu bleiben. Die unglaubliche Unterstützung durch mein Team war entscheidend, um eine positive Einstellung zu bewahren. Dennoch nagte diese Geduldsprobe stark an meinen Nerven.

TAG 5 UND ICH WARTE IMMER NOCH ...

Was ich bisher auf jeden Fall gelernt habe: mit dem Unbekannten umzugehen, dem Prozess zu vertrauen, auf Mutter Natur und das Universum zu vertrauen, das einem immer den Rücken stärkt!

Trotz meiner Krankheit und der Ungewissheit habe ich weiter meditiert, habe weiter meine Hypnotherapie-Aufnahmen gehört, habe weiter die Wim-Hof-Atemübungen gemacht und bin weiter in die Sauna gegangen, um mich schnell zu erholen. Ich hörte auf zu trainieren und begann zu beten.

ICH BIN EINE SOLO-KANALSCHWIMMERIN! I AM A CHANNEL SWIMMER!

Der große Tag war endlich da

Das Schwimmen im Ärmelkanal war für den 18. Juli angesetzt. Am 16. Juli gab der Kapitän grünes Licht für das Schwimmen, das um Mitternacht beginnen sollte. Ich setzte mich sofort mit meinem spirituellen Coach Faine Fitzgerald in Verbindung, die im Haus ihrer Schwester in der Nähe von London auf meinen Startplatz wartete. Ich rief auch das Dokumentarfilmteam an, das uns begleiten würde. Das gesamte Betreuerteam spürte die Intensität des Augenblicks, denn das Schwimmen im Ärmelkanal wird wegen seiner Unvorhersehbarkeit für Schwimmer oft mit dem Mount Everest verglichen. Die Start- und Zielzeiten sind ungewiss, und das Schwimmen selbst stellt zahlreiche Herausforderungen dar.

Nachdem ich vier Tage im Bett verbracht hatte, machte ich ein kurzes Testschwimmen. Das Wasser fühlte sich ruhig an, und ich verspürte ein Gefühl der Ruhe und Bereitschaft. Ich rief meinen Schwimmarzt an, um seine Genehmigung für das Schwimmen bei meinem derzeitigen Gesundheitszustand einzuholen, da ich mit einer anhaltenden Grippe zu kämpfen hatte. Er versicherte mir, dass mein Körper der Herausforderung gewachsen sei, und ermutigte mich, es zu versuchen.

Der zeitliche Ablauf des Schwimmens gestaltete sich wie folgt:

- Ich startete um 00:36 Uhr und schwamm die ersten 4 Stunden bei Dunkelheit und Wellendurcheinander.
- In der 3. Stunde begann ich aufgrund der Kälte meine Hände und Füße nicht mehr zu spüren, so dass ich mir Sorgen machte, ob ich noch 10 bis 12 Stunden durchhalten würde.
- In der 4. Stunde merkte ich, dass meine Energiereserven zur Neige gingen, und ich stieß an meine innere Wand, was mir signalisierte, dass meine Kohlenhydratreserven zur Neige gingen und mein Körper auf die Verbrennung von Fett zur Energiegewinnung umstieg.
- In der 10. Stunde kamen mir Zweifel, als ich gegen die starke Strömung anschwamm und die französische Küste sah, aber das Gefühl hatte, nicht voranzukommen. Ich bezweifelte, dass ich das Ufer wirklich erreichen würde.

- In der 11. Stunde fiel mir das Atmen schwer, da meine Nase verstopft war und mein Rachen anschwoll, so dass es schwierig war, einzuatmen, ohne Salzwasser zu schlucken.
- In der 12. Stunde konnte ich einen Blick näher auf die französische Küste erhaschen, und ich nahm an, dass ich in einer weiteren Stunde am Ziel sein würde. Ich ahnte nicht, dass die letzten Meter noch einmal 3 Stunden in Anspruch nehmen würden.

Trotz der Erschöpfung und der Herausforderungen machte ich weiter, fest entschlossen, das Ufer zu erreichen. Die Unterstützung meiner Trainer und der Glaube, dass ich meinen Traum verwirklichen konnte, hielten mich aufrecht. Als ich mich der letzten Stunde näherte, wartete ich auf die Ankunft meines Freundes Emre, der die letzten Meter mit mir schwimmen würde. Ich sah, wie er sich vorbereitete, und spürte ein überwältigendes Gefühl von Glück und Entschlossenheit. Gemeinsam setzten wir zum Endspurt an, und nach 15 Stunden und 16 Minuten ununterbrochenen Schwimmens erreichte ich endlich das französische Ufer.

Der Moment, in dem ich den Sand betrat, war unglaublich und surreal. Ich weinte, tanzte und umarmte Emre, überwältigt vor Freude. Es war ein Moment des puren Glücks und der Vollendung. Die Welt schien stillzustehen, als ich am Strand tanzte und zum Boot zurückschwamm.

Diese außergewöhnliche Erfahrung fühlte sich wie ein wahr gewordener Traum an. 15 Stunden lang in 16 Grad kaltem Wasser zu schwimmen, umgeben von der Natur, von Quallen geküsst und mit den Wellen tanzend, war sowohl surreal als auch berauschend. Das Durchschwimmen des Ärmelkanals war kein Alleingang, sondern eine gewaltige Teamleistung und ein Beweis für die Kraft der Teamarbeit und des Glaubens.

Ich habe mich bei meiner Kernmannschaft für ihr mentales Coaching, ihre emotionale Unterstützung und ihre technische Hilfe bedankt. Über das unmittelbare Team hinaus habe ich die Unterstützung von Familie, Freunden, der Schwimmgemeinschaft, medizinischen Beratern, Kollegen, Fremden, meinem Hypnotherapeuten und meinem Physiotherapeuten gewürdigt. Ihr Glaube und ihre positive Ausstrahlung haben maßgeblich dazu beigetragen, diesen Traum zu verwirklichen.

Diese Reise hat mir gezeigt, wie wichtig es ist, aus seiner Komfortzone herauszutreten und seine Träume mit Vertrauen zu verfolgen. Sie hat gezeigt, dass mit der richtigen Vorbereitung, Unterstützung und dem richtigen Glauben Magie geschehen kann.

Raus aus der Komfortzone, Magie kann geschehen! Verfolge deine Träume mit Vertrauen!

ZUSAMMENFASSUNG:

1. **Reflektiere für dich selbst**: Was ist dein Eiswasser? Was ist dein Traum, dein Zweck, dein Ziel? Was würdest du gerne erreichen?

2. **Schaffe dir dein eigenes Unterstützungssystem!** Wenn ich nicht diese großartigen Menschen um mich herum hätte, die an mich glauben und mich anspornen, wäre ich nicht in dieser Phase.

3. **Schmerzen gehören zum Weg, aber sie machen dich stärker.** Verfolge deine Träume mit Fokus und Leidenschaft!

4. **Vergiss nicht, dass du mehr bist als deine Ängste und mehr, als du denkst!** Schaffe Magie außerhalb deiner Komfortzone!

23

Schlussfolgerung – Wie kannst du deine Grenzen überschreiten und aus deiner Komfortzone herauskommen?

1. Vertrau dir selbst und nutze dein inneres Potenzial!

Manchmal kritisieren wir uns zu sehr und leben mit einschränkenden Glaubenssätzen: „Du kannst es nicht, du bist nicht erfahren genug, du hast nicht die Fähigkeit dazu usw." Auch die Menschen in unserem Umfeld wollen uns vielleicht beschützen und entmutigen uns aufgrund ihrer einschränkenden Glaubenssätze. Aber jeder von uns hat seine eigenen Stärken und sein eigenes Potenzial. Vertrau erstmal auf dich selbst und erforsche dein inneres Potenzial, indem du neue Dinge tust oder Dinge anders machst! Beweise dir selbst, dass du neue Herausforderungen meistern kannst! Du kannst mehr, als du denkst! Ich hätte mir nie vorstellen können, im

Nordkanal in 12 Grad kaltem Wasser mit giftigen Quallen und Killerwalen zu schwimmen, aber am Ende habe ich mir vertraut und bin hineingesprungen.

2. Groß denken und klein anfangen!

Hab keine Angst, dir hohe Ziele und eine Vision zu setzen! Die Grenzen sind deine Gedanken. An etwas zu glauben und groß zu denken, ist der erste Schritt auf dem Weg zu deiner Vision. Setz dich nicht unter Druck, deine Ziele zu erreichen, sondern beginne mit kleinen Schritten! Beginne zum Beispiel mit einem 10-Minuten-Lauf und leg die Latte dann immer höher! Du wirst überrascht sein, wie du in ein paar Wochen 100 Minuten laufen kannst. Als ich im Sommer 2019 in London war, bin ich zusätzlich zu meinem Schwimmtraining dreimal pro Woche an der Themse entlang gelaufen. Ich habe langsam angefangen und mir das Ziel gesetzt, auf derselben Strecke jede Woche schneller zu werden. Nach 10 Wochen war ich schneller und in besserer Verfassung. Dasselbe gilt für kaltes Wasser: Als ich für den English and Northern Canal trainierte, begann ich mit kurzen kalten Duschen von nur 10 Sekunden. Nach 10 Wochen konnte ich 10 Minuten lang kalt duschen. Alle großen Dinge beginnen mit kleinen, realistischen Schritten, damit man die Grundlage für größere Schritte schafft. Ich hätte nie gedacht, dass ich einmal ein Buch über meine Geschichte schreiben würde, aber so ist es nun einmal. Ich habe mit kleinen Schritten angefangen, wie dem Erstellen meiner eigenen Website, dem Schreiben meines eigenen Blogs und jetzt habe ich mein zweites Buch veröffentlicht, von dem ich hoffe, dass es die Herzen von Menschen auf der ganzen Welt berühren wird. Es gibt keine

Grenzen, was man außerhalb der Grenzen, die man seinem eigenen Denken setzt, erreichen kann.

3. Geh auf deine Ängste zu!

Ängste sind ein natürlicher und wichtiger Teil unserer persönlichen Entwicklung. Jedes Mal, wenn wir uns bewusst dafür entscheiden, aus unserer Komfortzone herauszutreten, wird die nächste unangenehme Sache ein wenig einfacher, und wir wissen, dass wir unsere Ängste überwinden können. Unsere Ängste halten uns davon ab, einen weiteren Schritt nach vorne zu machen. Je mehr du dich deinen Ängsten stellst, desto mehr erkennst du, dass du deine Gefühle kontrollieren kannst und dass deine Ängste eine Denkweise sind, die du ändern kannst. Vor zehn Jahren zog ich mir beim Schwimmen in kaltem Wasser eine Unterkühlung zu und landete im Krankenhaus. Infolgedessen hatte ich große Angst vor kaltem Wasser und fühlte mich in der Kälte unwohl. Um meine mentale Ausdauer zu stärken und meine Angst zu überwinden, schwamm ich in 3 Grad kaltem Wasser im Münchner Eisbach. Ich überzeugte meine Freunde, auf mich aufzupassen, und wir alle genossen die Herausforderung. Ich hatte schon immer Angst vor Haien, aber trotz dieser Angst bin ich von Robben Island nach Kapstadt geschwommen und war damit die erste türkische Frau, die diese ikonische Strecke geschwommen ist. Diese Konfrontationserfahrungen haben mir gezeigt, dass ich stärker bin als meine Ängste.

4. Durchbrich deine Routine!

Wie kannst du dich selbst auf andere Weise entdecken, wenn du jeden Tag dasselbe tust? Nimm einen anderen Weg zur Arbeit, lauf in die entgegengesetzte Richtung zu deiner normalen Laufstrecke oder geh deinem Hobby zu einer anderen Tageszeit nach! Arbeite in einem anderen Team oder Projekt und tauche in neue Umgebungen ein! So kannst du anders denken, dich von anderen Umständen inspirieren lassen und dich selbst in anderen Situationen entdecken. Während der Ausgangssperre war es eine völlig neue Normalität, eine neue Routine mit neuen Kollegen und Freunden. Mit jeder neuen Erfahrung, sowohl beruflich als auch privat, bin ich meinem inneren Selbst einen Schritt nähergekommen. Ich habe meine Eigenschaften, Stärken und Schwächen erforscht und fühle mich lebendiger und geerdeter denn je.

5. Lass die Kontrolle los und vertrau dem Prozess!

Ich bin ein Kontrollfreak, aber ich habe gelernt, dass ich nicht alles in meinem Leben kontrollieren kann. Du kannst deinen Geist, deinen Körper, deine Emotionen, was du isst, was du trinkst, was du tust, wo du arbeitest, mit wem du sprichst usw. kontrollieren, aber es gibt auch externe Faktoren, die das Leben komplexer und gleichzeitig interessanter machen. Mir gefällt die Hauptregel des Design Thinking, eines innovativen, auf den Menschen ausgerichteten Ansatzes zur Lösungsfindung: „Vertrau dem Prozess!" Manchmal musst du den unklaren Bereich der Unsicherheit akzeptieren – es kann gut sein, die Dinge von Zeit zu Zeit loszulassen. Tu alles, was du kannst, glaub an das, was du tust, aber sei auch offen dafür, loszulassen und dem Prozess zu vertrauen. Schließlich kann Magie geschehen, genau wie die kreativen neuen Ideen im Design Thinking-Prozess. Während der Ausgangssperre wusste ich nicht, wann ich wieder ausgehen konnte; alle meine Pläne wurden abgesagt. Beruhig dich, akzeptiere das Unbekannte und bereite dich auf die nächsten magischen Momente in deinem Leben vor!

6. Probier etwas Neues aus und akzeptiere etwas, an das du normalerweise nicht denkst!

Nimm ein Projekt an, das nicht zu 100 % deinem Fachwissen entspricht, oder probier ein neues Hobby, ein neues Gericht aus oder nimm an einer Wochenendveranstaltung mit anderen Menschen teil. Selbst wenn es am Ende nicht klappt, sind Erfahrungen wichtig. Meine Schwester ist Teilzeit-Yogalehrerin. Sie bittet mich immer, mit ihr verschiedene Yogacamps zu besuchen. An einem Wochenende fand ich mich in einem einzigartigen Yogacamp wieder: Alle waren weiß gekleidet und konzentriert. Am Anfang fühlte ich mich völlig fremd und versuchte, mich an diese andere Umgebung anzupassen. Jede einzigartige Erfahrung formt unsere Gedanken und bietet andere Perspektiven. Südafrika war kein Ort, an den ich anfangs gedacht hatte. Ich wollte nach Sydney, New York oder Singapur gehen, aber jetzt war ich hier und es war eine einzigartige Erfahrung in meinem Leben, für die ich wirklich dankbar bin. Während der Ausgangssperre war ich nicht traurig, weil ich nicht schwimmen konnte, sondern habe mit Reiten und Tennis angefangen. Jede Einschränkung oder Herausforderung gibt dir die Möglichkeit, etwas Neues in deinem Leben auszuprobieren und zu entdecken. Nimm dies an!

7. Stell Fragen, auch wenn sie unangenehm sind!

Scheu dich nicht, herausfordernde und sogar kindisch dumme Fragen zu stellen! Ganz nach dem Motto von EY: „Je besser die Fragen, desto besser die Antworten", stell dir und anderen herausfordernde Fragen und versuche, die Dinge aus einer anderen Perspektive zu sehen! Bitte um Feedback! Frag nach dem, was du willst, ohne zu zögern! Die grundlegende Frage nach dem „Warum" definiert den Zweck jeder Handlung. Halte inne und frag dich, warum du tust, was du tust, und wie du dich und andere verbessern kannst! Hilf den Menschen um dich herum, ihre eigenen Antworten zu finden, innerhalb oder außerhalb ihrer Komfortzone! Halte dich nicht selbst auf, wenn andere nicht verstehen, warum du etwas tust! Wenn du die Antwort selbst nicht weißt, denk trotzdem weiter! Du wirst deine Antwort während der Reise finden!

8. Folge Deiner Leidenschaft!

Nimm dir die Zeit, um deine wahre Leidenschaft zu erkennen. Wenn du sie noch nicht kennst, mach dir keine Sorgen. Probier verschiedene Dinge aus und denk darüber nach, wie du dich fühlst. Was ist deine Energiequelle, wo fühlst du dich stark und glücklich? Find heraus, welche Aktivitäten dir Energie geben und dich in deinem Leben glücklicher und stärker machen. Jedes Mal, wenn ich schwimme, fühle ich mich lebendiger, stärker und glücklicher. Solche Gefühle zeigen dir, was deine wahre Leidenschaft ist. Stell dir vor, du hättest nur einen Tag für dich, ohne Arbeit und andere Verpflichtungen. Was würdest du als Erstes für dich selbst tun wollen?

9. Geh an neue Orte und sprich mit Fremden!

Hab keine Angst, auf der Straße, im Büro oder in der U-Bahn mit Menschen zu sprechen! Geh an neue Orte, wo du andere Menschen mit anderen Kulturen oder Erfahrungen treffen kannst! Wenn du andere und unbekannte Orte erkundest, entdeckst du eine andere Seite von dir. Sei frei, schränk dich nicht ein, und du wirst sehen, welche Überraschungen dir das Leben jeden Tag bietet. Johannesburg war keine Stadt, in der ich dachte, dass ich arbeiten und leben würde. Die Erfahrung war für mich großartig. Aktuell lebe ich in Zürich und das was ich alles hier in den letzten zwei Jahren erleben durfte, ist unglaublich.

10. Achtsam sein und sich selbst kennen

Achtsamkeit bedeutet, dass du deine Gedanken, Gefühle, Körperreaktionen und deine Umgebung jeden Moment mit einem sanften, nährenden Blick wahrnimmst. Indem du achtsam bist, schenkst du deinen Gedanken und Gefühlen Aufmerksamkeit und nimmst sie an, ohne sie zu bewerten, z. B. ohne zu glauben, dass es eine „richtige" oder „falsche" Art und Weise gibt, in einem bestimmten Moment zu denken oder zu fühlen. Wenn wir uns in Achtsamkeit üben, konzentrieren sich unsere Gedanken auf das, was wir im gegenwärtigen Moment fühlen, anstatt in die Vergangenheit abzutauchen oder sich die Zukunft vorzustellen. Du kannst damit beginnen, deine Achtsamkeit durch Meditation oder sogar kurze Selbstreflexionssitzungen zu steigern. Ich habe mit der Wim-Hof-Methode begonnen, einer Kombination aus Meditation, Kaltwasseranwendungen, Atmung und Fokussierung, die mir geholfen hat, mich besser zu konzentrieren und den Mut zu haben, aus meiner Komfortzone herauszutreten. Während der Sperrstunde habe ich mit einer umfassenden Meditation unter der Leitung von Dr. Joe Dispenza begonnen, die mir sehr dabei half, meine Gedanken zu strukturieren und vor allem zu verstehen, was ich im Leben wirklich will. Nimm dir mindestens einmal pro Woche Zeit für Selbstreflexion, hör auf deine tiefe innere Stimme, akzeptiere, was du fühlst, und umarme dich selbst!

11. Es ist alles eine Frage der Einstellung – genieß die schwierigen Momente!

Genieß jeden Moment, auch wenn du dich herausgefordert fühlst! Erinnere dich daran, deine Reise zu schätzen und alle Erfahrungen als eine Gelegenheit zu sehen, dein Leben in vollen Zügen zu genießen! Manchmal fühlen wir uns müde und herausgefordert, aber das macht nichts. Du kannst immer noch deine Einstellung ändern und das, was du tun musst, mit einer positiveren Einstellung tun, und du wirst mehr Energie haben, stärker sein und mehr Freude an dem haben, was du bereits tust.

12. Das Leben ist kurz, schätze jeden Augenblick und lebe das Leben in vollen Zügen!

Das mag für dich banal oder normal klingen, aber ich meine es wirklich ernst! Hör auf, dich um das Morgen zu sorgen! Probleme oder schwierige Situationen werden so oder so kommen, ob du dir nun Gedanken darüber machst oder nicht. Genauso wie die guten Dinge in deinem Leben. Egal, was du denkst und tust, gute oder schlechte Dinge werden in deinem Leben passieren. Wenn etwas geschehen soll, wird es geschehen. Du kannst nicht alles im Leben kontrollieren. Du kannst akzeptieren, was passiert, und deine eigenen Reaktionen, Emotionen und Bemühungen kontrollieren, um die Dinge zu verbessern, damit du dich besser fühlst. Hör auf, dir Sorgen zu machen, sei einfach dankbar, akzeptiere und lebe den Moment in vollen Zügen. Schätze jeden Augenblick, die Zeit, die du mit deinen Lieben verbringst … Das Leben ist zu kurz.

13. Den Schmerz in kreative Energie umwandeln – sei die beste Version von dir selbst!

Das Außergewöhnliche für uns ist, dass jeder von uns die Fähigkeit hat, sich wie ein Phönix aus der Asche zu erheben, sich neu zu erschaffen, wieder loszulegen. Vielleicht besteht der wahre Zweck des Leidens darin, dass wir uns aus unserem Leiden erheben, dass wir uns entwickeln, wachsen und etwas erreichen.

14. Wo es Glauben gibt, gibt es keine Unsicherheit. Entdecke dein Potenzial und vertrau auf deine eigene Entdeckungsreise!

Deine Grenzen sind deine Vorstellungskraft. Verfolge trotz deiner Ängste und inneren Hindernisse deinen Traum, folge deiner Leidenschaft, arbeite hart, nimm dir Zeit für bewusste Erneuerung und glaub an dich! Auch wenn dein Verstand dir etwas anderes sagt und deine Gefühle sich in Form von Angst äußern. Du bist mehr, als du denkst, und du wirst überrascht sein, wozu du wirklich fähig bist!

Denk daran, dass dein Gehirn deine Grenze ist. Geh jeden Tag deiner Leidenschaft nach! Erforsch die Welt, entdecke dich selbst und tritt aus deiner Komfortzone heraus! Wunder werden auf dich warten!

14. Niederlagen gehören zu deiner Erfolgsreise!

Niederlagen sind oft unvermeidlicher Teil des Erfolgsprozesses. Sie können wertvolle Lektionen bieten, die uns helfen, uns zu verbessern, unsere Fehler zu erkennen und letztendlich stärker und klüger voranzuschreiten. Es ist wichtig, Misserfolge nicht als Endpunkt, sondern als Gelegenheit zur Weiterentwicklung zu sehen. Die Fähigkeit, aus Niederlagen zu lernen und sich nicht von ihnen entmutigen zu lassen, kann einen wesentlichen Beitrag zum Erreichen von langfristigem Erfolg leisten.

15. Die Angst ist dein bester Freund

Die Angst ist dein Kompass, der dir den Weg zu persönlichem Wachstum und Veränderung weist. Sie entfacht die Kreativität und macht das Leben viel lebendiger. Stell dir ein Leben ohne Angst vor – wie langweilig wäre das! Wenn du keine Angst hättest, welche Veränderungen würdest du heute vornehmen? Was würdest du anfangen zu tun? Allein diese Frage kann neue Perspektiven in deinem Kopf eröffnen.

Paradoxerweise ist die Angst also sowohl dein Hindernis als auch dein größter Verbündeter. Auch wenn die Angst wie eine verschlossene Tür erscheinen mag, ist sie in Wirklichkeit eine offene Tür. Wenn du durch diese Tür gehst, kannst du mehr erreichen, als du je für möglich gehalten hättest.

Denke daran: Je mehr du dich über deine Komfortzone hinauswagst, desto mehr Selbstvertrauen gewinnst du! Du erweiterst deine Komfortzone, forderst deine inneren Grenzen heraus und aktivierst deine Lern- und Wachstumszonen! Die Eroberung des Unbekannten befähigt dich zu großen Taten!

Alles Liebe für dich,
Deniz Kayadelen

24

Quellen

BÜCHER:

- Way of the Iceman: How the Wim Hof Method Creates Radiant, Long-term Health -- Using the Science & Secrets of Breath Control, Cold-Training & Commitment, Wim Hof | 26 Feb 2017
- The Wim Hof Method: Activate Your Potential, Transcend Your Limits, Wim Hof | 24 Sep 2020
- EY Expat Guidelines, Security Hints for South Africa, 2019
- Religions in the Modern World: Traditions and Transformations" from Linda Woodhead, Christopher Partridge, Hiroko Kawanami – 2016

WEBSEITEN:

- Meditation, Dr. Joe Dispenza, Blog
  https://blog.drjoedispenza.com/tag/meditation
- Accessing the Heart's Intelligence, Dr. Joe Dispenza, https://blog.drjoedispenza.com/blog/heart/accessing-the-hearts-intelligence

- 'Flow' Can Help You Achieve Goals Understanding the Psychology of Flow, By Kendra Cherry, Medically reviewed by Carly Snyder, MD on June 03, 2020, https://www.verywellmind.com/what-is-flow-2794768
- Guided Wim Hof Method Breathing – YouTube https://www.youtube.com/watch?v=tybOi4hjZFQ
- How „brown fat" helps you cope with cold weather, By Hanna Ali, Sunday, December 29, 2019 NOVA Next https://www.pbs.org/wgbh/nova/article/brown-fat-cold-weather/
- Cape Long Distance Swim Association, South Africa, https://cldsa.co.za/
- English Channel Swim Association, https://www.channelswimmingassociation.com/
- North Channel Swim Association, https://northchannelswimming.com/index.html
- Out of Our Comfort Zone, www.outofourcomfortzone.com
- Oceanman https://oceanman-openwater.com/
- The Wealth Hike, The Comfort Zone, by @ thewealthhike https://www.thewealthhike.com/blog
- Ryan Stamrood, https://ryanstramrood.com/
- Cross Continental Swimming Race, Istanbul http://bogazici.olimpiyatkomitesi.org.tr/
- „10 Ways to step out of your comfort zone" https://www.lifehack.org/articles/communication/10-ways-step-out-your-comfort-zone-and-enjoy-taking-risks.html

- The best swimming lakes around Frankfurt | Bike Touring https://www.komoot.com/collection/141/the-best-swimming-lakes-around-frankfurt
- The Way Of The Iceman | Download [Pdf]/[ePub] eBook. https://www.getsfreebook.com/gets/the-way-of-the-iceman
- What are the Benefits of Cold Showers? | Wim Hof Method. https://www.wimhofmethod.com/benefits-of-cold-showers
- How to Use the Power of Visualization - Mindvalley Blog. https://blog.mindvalley.com/the-power-of-visualization/
- Healthy Fat' Foods for Your Diet - WebMD. https://www.webmd.com/diet/ss/slideshow-healthy-fat-foods
- What Are The Benefits of Sleeping More? - SelfGrowth. com. https://www.selfgrowth.com/articles/what-are-the-benefits-of-sleeping-more
- About Cryo Treatments – Delray Beach Cryo. https://delraybeachcryo.com/about-cryo-treatments/
- Change management and experience services | EY - US. https://www.ey.com/en_us/workforce/change-management-experience
- Safety Tips for Tourists - Umhlanga Rocks Tourism Safety .... https://umhlangatourism.com/tourist-information-umhlanga-umhlanga-rocks-tourism/safety-tips-for-tourists-umhlanga-rocks-tourism/
- 20 Rules for Safe Travel in South Africa - Transitions Abroad. https://www.transitionsabroad.com/listings/travel/articles/safety-rules-for-travel-in-south-africa.shtml

Danke

Vielen Dank, dass Du mein Buch gelesen hast!

Ich freue mich sehr über Dein Feedback und freue mich sehr, zu hören, was Du zu sagen hast.

Bitte hinterlasse mir eine Rezension auf Amazon und lass auch andere wissen, was Du von dem Buch gelernt hast.

Vielen Dank!
Deniz Kayadelen

HAPPY
SELF PUBLISHING

Happy Self Publishing is a one-stop destination for publishing services such as book cover design, editing, formatting, audiobook narration, website design, and marketing. At Happy Self Publishing we help authors find their voice and self-publish professionally.

▶ **WHAT WE DO:** We help coaches, consultants, trainers, speakers, and entrepreneurs who aspire to position themselves as the trusted experts in their field by helping them become bestselling authors within 6 months or less, even if they hate writing.

▶ **HOW WE DO IT:** We show you how to build a profitable author funnel and use the book as the lead magnet in the funnel to give you expert positioning and attract qualified leads for your business.

▶ **WHY IT WORKS:** After working with over 400 authors from 35 countries, we've been able to simplify the process and show you the easiest and fastest way to publish your book. It doesn't matter at what stage of your author journey you are currently - we have the tools & resources to take you to the next step and help you publish a world-class book.

▶ **SERVICES WE PROVIDE:**

✓ book writing aka angel writing
✓ book coaching
✓ editing
✓ book cover design
✓ formatting
✓ publishing ebooks, paperback & audiobooks
✓ global distribution
✓ author websites
✓ book trailers
✓ bestseller promotions

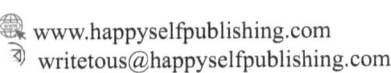 www.happyselfpublishing.com
✍ writetous@happyselfpublishing.com

Schedule a free Book Strategy
Call with us to discuss your book project:
www.happyselfpublishing.com/call

www.ingramcontent.com/pod-product-compliance
Lightning Source LLC
Chambersburg PA
CBHW050435290526
45786CB00006B/2039